U0515691

本书为 2020 年度国家社科基金冷门绝学团队项目
"中国训诂学的理论总结与现代转型"
（批准号 20VJXT015）研究成果之一

王 宁 著

餐桌上的训诂

中华书局

图书在版编目(CIP)数据

餐桌上的训诂/王宁著. —北京:中华书局,2022.5
(2023.11 重印)
ISBN 978-7-101-15664-5

Ⅰ.餐… Ⅱ.王… Ⅲ.烹饪-古籍-训诂-研究-中国
Ⅳ.①H131.7②TS972.1

中国版本图书馆 CIP 数据核字(2022)第 046280 号

书　　名	餐桌上的训诂
著　　者	王　宁
责任编辑	李碧玉
装帧设计	刘　丽
插图绘制	佟润欣
责任印制	管　斌
出版发行	中华书局
	(北京市丰台区太平桥西里38号　100073)
	http://www.zhbc.com.cn
	E-mail:zhbc@zhbc.com.cn
印　　刷	北京盛通印刷股份有限公司
版　　次	2022 年 5 月第 1 版
	2023 年 11 月第 4 次印刷
规　　格	开本/787×1092 毫米　1/32
	印张 6⅜　插页 2　字数 72 千字
印　　数	13001-17000 册
国际书号	ISBN 978-7-101-15664-5
定　　价	38.00 元

自

序

　　这本书里收入的短文，大多是我在 20 世纪 80 — 90 年代为《中国烹饪》杂志"烹饪训诂"栏目所写的短文。这批短文是被两个目的机缘巧合地碰撞出来、随写随发而累积到一起的。

　　1983 年，我正式调入北京师范大学做导师陆宗达（颖民）先生的科研助手。这时正是学坛复苏的黄金时期，在师辈的努力下，训诂学重新走入高校中文系的讲堂。颖民师在出版了《训诂简论》和指导我出版了《训诂方法论》《古汉语词义答问》之后，对训诂方法科学化和训诂学在当代的普及问题更加重视。老师已经充分认识到，训诂学要想在当代发展，必须在理论研究的同时，做好普及和应用的工作。那时，我们写了很多普及性的文章，希望引起学界和社会对训诂学的关注。正在这时，《中国烹饪》杂志主编萧帆先生与颖民师在政协相遇。萧老早年参加革命，1982年离休后对《中国烹饪》非常重视，聘请了哲学与经济学家于光远、文物鉴赏家和收藏家王世襄、文献学家王利器、营养学家和书法家沈志平、社会学家费孝通等先生担任顾问。从这个顾问的阵容就可以看出，刊物的宗旨和兴趣不只在传播烹饪的技艺，更在弘扬中华民族的烹饪文化。1984年春节，萧老请负责刊物的吴步初到北师大拜访颖民师。那些年，老师为了培养我，凡是有人进行学术访问或是约稿，总叫

我跟在旁边，客人走后，老师即指示我如何回复或
如何撰文。吴步初转达萧帆先生的话说："陆老训
诂大师，文字学家，又是美食家，一定要支持我们
的杂志，给我们写稿。"老师幽默地说："我是会
吃不会做，专灭美食而不产美食。不知该怎么帮你
们？"吴步初说："会做是本事，如无人会吃，做来
何用？您随便一着笔，就成了美食配美文。"

　　我们和《中国烹饪》的合作就此开始。《中国
烹饪》是月刊，为我们专设了"烹饪训诂"栏目，编
辑每过一两个月就来催稿，盛情难却又追赶莫及。
用颖民师的名字发过一两篇文章后，颖民师就把撰
写"烹饪训诂"栏目短文的任务全部交给了我。从
1984 年第 7 期我以"万陵"为笔名发表《说汤饼》
开始，到 1991 年第 8 期发表《汉字与烹饪文化》
为止，那三十几篇短文就这样陆续写完发出。后
来《中国烹饪》改版，以传播名厨的烹饪技术为宗
旨，我们的写作也就停止了。

　　回想起当时的情形，"烹饪训诂"栏目到1991年年底收关，真是恰到好处。因为，我那点关于烹饪饮食文化的积累，写完这三十几篇文章也用得差不多了。这些短文，因为担负着普及训诂和普及烹饪饮食文化知识的双重任务，题材并不好找。颖民师在和吴步初交谈、商量设"烹饪训诂"栏目的时候有个说法："现在的人知道'文字学'，说起'音韵学'虽然生疏，顾名思义也还知道是讨论语音的，可'训诂学'这词儿大家看着都眼生，不知道它是干什么的。其实，文字、音韵、训诂互相不能分开，训诂管着语言意义，很有用处，需要普及。吃喝烹炒人人都熟悉，借着古代的烹饪饮食文化普及一下训诂，是个好办法。"把任务交给我的时候，老师还说过："咱们不是光为了讲'吃'，最终还是要普及训诂，这点可别忘了！"老师的那些话，也就成为我选题和撰文把握的标准。中国的烹饪饮食实在丰富多彩，电视节目《舌尖上的中国》仅仅把全国各地有特色的主餐和小吃表现了一下，不知道有多少令人惊羡和垂涎的食品让全世界的人叹为观止。但是，不是每种好吃的东西里都有典型的、可以普及的训诂。"烹饪训诂"栏目希望文章短小易读，形成的规模是千字左右的短文，刊登出来只占一页，有时字数多了，还要转页。这些短文既要考虑到一般人能懂，又要考虑到材料的真实出处，很多有意思的材料因为学术性太强，不适合普及，也只有舍弃了。接了这样的任务，我才知道有趣又不搞噱头的学术普及，尤其是将一种古代的、很陌生的学问拿来以享今天一般的读者，对写作者真是一种难度很大的考验。所以，对待"烹饪训诂"这个栏目，我从来不敢怠慢。琢磨很长时间才酝酿出一个题目，写完先给颖民师看，老师点了头才交给催稿的编辑。

现在回想起当时的很多事，宛如就在眼前。我写《说醉》那篇文章讲了《说文·酉部》关于饮酒后生理反应的几个字，老师看后哈哈一乐。过了几天，老师被约去品酒投票，说要带着我，而且嘱咐我："不必品尝，我怎么投，你也怎么投就行。"我凭着"烹饪训诂"这个栏目的作者混了一个评委，跟着充了一次"内行"。不过，看所有的酒都是水一般，连酒名都没记住几个，更不要说那些酒什么味儿了。还有一次烹饪学校邀了一位名厨掌勺请老师吃饭，老师让我带着 11 岁的小儿子一起去。上了樟茶鸭之后，老师忽然说："有了烹饪，不可不说训诂，让我们王老师讲讲鸡、鸭、鹅是怎么命名的。"我一时慌了神儿，半天才想起来近时连续写了《说鸡》《说鸭》《说鹅》，用古韵讲过三种家禽都是用它们的叫声命名的。于是用这三个字古音的拟音分别讲了鸡、鸭、鹅的叫声和命名由来，引起烹饪学校的领导的兴趣，专门请我陪着老师去讲了两次"训诂学"。我的小儿子一回家就问我："鸡、鸭、鹅古时候叫的声音和现在是一样的吗？"倒让我没

法回答了。又有一次去武汉大学开会,住在珞珈山
招待所。吃完饭,一位年轻的经理忽然来见我,给
我深深一鞠躬。我吓了一跳,他却说:"我是陆老
和您的学生,听过您们的讲座,也是看着每期'烹
饪训诂'栏目长大的。"从此我每住武大珞珈山招
待所,都能享受一次单独的丰盛早餐。我对这位经
理说:"我老师是美食家,他说自己会吃美食不会
做美食。我呢,既不会吃也不会做,很是外行。"他
回答说:"不会做不会吃都不要紧,您们会写,我们
就有得学了。"

这三十多篇短文,因为有普及训诂学的作用,
我曾整理后放在《训诂学原理》(中国国际广播出
版社 1996 年出版)的"训诂学的普及与应用"栏
目里;又因为有普及烹饪饮食文化的作用,一部分
初稿曾被收到何九盈、曹先擢等先生主编的《汉字
文化大观》(人民教育出版社 2010 年再版)里。现
在,我以《训诂学原理》的稿子为基础,把这些短

文集在一起单独成册。朋友们都希望取一个活泼一点的书名，让它更能起到普及训诂学和普及传统文化两方面的作用。"餐桌上的训诂"这个书名，是受了前辈学者一件雅事的启发：常听我的几位老师说起，有一段时间，几位美食家的老友喜欢聚在一起用餐，入席后，大家会行一个"令"，就是点着一盘菜让颖民师就着菜名背一段《说文》，想来就是"葱爆羊肉"——"羊，祥也"，"冰糖肘子"——"肘，臂节也"，"宫保鸡丁"——"鸡，知时畜也"之类。更有趣的是，要从《说文》的训释绕到"吃"上，大家才动筷子，老师们戏称为"雅吃"。想起这件事，书名就有了——这不正是"餐桌上的训诂"吗！

自从关注了中国的烹饪饮食文化，我想得最多的是中国人从古到今讲究吃，中餐因花样繁多、技艺高超而享誉世界，所奉献的仅仅是一种物质享受吗？中华文化历来看重内在的精神，中国的烹饪饮食文化的精神因素又在哪里呢？借助古代典籍的传递，我在本书的最后将中国古代烹饪饮食文化的优秀传统总结为"和与调""节与精""齐与范"三点。发展到今天，中国烹饪的食材有了更新更多的发掘；随着交通的发达和旅游业的发展，人们的眼光更加开阔，口味也随之发生了很大的变化；生活水平提高后，饮食与养生的关系被不同年龄的人群普遍关注。但"和与调"的理念、"节与精"的品味、"齐与范"的方法，不但没有过时，反而被更多的人理解和奉行，仍然在不断发扬光大。

让训诂学走出"绝学"，走进更多人的心里，还有许多工作要做，我们会继续努力。

2020 年 1 月 2 日初稿

2020 年 8 月 2 日改定

目
录

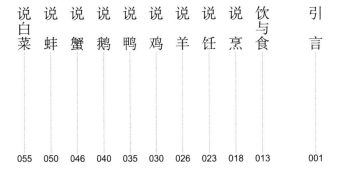

引言

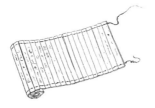

　　这是一本讲古代烹饪饮食文化的小书，也是一本普及训诂学的小书。这两件事放在一起，初看起来好像没有多大关系，但细说起来，关系还真挺密切。

　　先说烹饪饮食，也就是吃饭和做饭。不论是古代还是现今，这件事都是可大可小，可浅可深。

　　说大一点，它关系到人类的生存，社会的发

展。饮食与人类俱在，不论在哪个时代和在什么地方，饮食和人类的关系都是最密切的。烹饪从熟食开始，有了火，才有可能熟食，也才能有烹饪。古代典籍中记载熟食的传说很多。《礼记·礼运》阐释了烹饪饮食从远古到上古的演变："昔者先王未有宫室，冬则居营窟（按：挖掘洞穴而居），夏则居橧巢（按：用草木建巢而居）。未有火化，食草木之实，鸟兽之肉，饮其血，茹其毛。未有麻丝，衣其羽皮。后圣有作，然后修火之利，范金（按：范，翻砂的模型）合土，以为台榭、宫室、牖户。以炮以燔，以烹以炙，以为醴酪。治其麻丝，以为布帛。以养生送死，以事鬼神上帝。皆从其朔。"燧人氏钻木取火的传说，与《礼记》的说法如出一辙。考古的成果将火食的时间不断提前，从茹毛饮血到炮燔烹炙，人类有了新的活法，进入了一个新的文明阶段。

烹饪饮食还关系到国家的兴亡，战争的胜负。

《尚书·洪范》说，天帝赐给夏禹一种治理国家的大法，称作"九畴"，其中的"农用八政"，说的是八种管理国家的日常政务，第一项就是"食"。关于饮食的重要性，古往今来有很多典故，最典型的一句话就是"民以食为天"。楚汉相争时，刘邦多次在荥阳、成皋被项羽围困，因此想放弃成皋以东的地盘，屯兵巩、洛以与楚军对抗。说客郦食其（yì jī）给刘邦献策，让他趁项羽不经意时收复荥阳，因为在荥阳西北敖地山上有一个粮仓，各地往此输送粮食已有很长时间，能占有敖仓大量储备的粮食，其他的军事行动有了最基本的物质保障，才可立于不败之地。刘邦接受了他的建议，先有了充足的粮食，再加上正确的军事措施，终于取得了最后胜利。郦食其以粮食的重要性说服刘邦，他说："知天之天者，王事可成。不知天之天者，王事不可成。王者以民人为天，而民人以食为天。"南宋武帝刘裕在位三年后，长子刘义符即位，两年后被杀害，三子刘义隆即位，是为宋文帝，继承父亲的改革政策，在位三十年成就了元嘉之治的太平盛世。刘义隆对农业十分重视，多次亲耕劝农，元嘉二十年下诏说："国以民为本，民以食为天。一夫辍耕，饥者必及，仓廪既实，礼节以兴。"这就是元嘉之治一切政令的基础。这两处"民以食为天"的记载，分别见于《史记》和《宋书》，历代当政者频繁引用，各种类书经常收存。"民以食为天"这个传统的观念，虽从帝王的御权之术而来，却是亘古不变的大实话。如果哪个国家连饭都不让老百姓吃饱，不管原因是什么，维持政权都难，还谈什么发展。吃饭事关每一个人，"民以食为天"也就成为老百姓保护自身最基本利益的口头禅。

说小一点，烹饪和饮食的原始动力不过是为了果腹——自己吃饱，也让下一代吃饱。或者说，它不过是家家户户的庖厨和餐桌，无非是碗里饭、碟中菜、杯中酒而已。就个人和家庭而言，富足时山珍海味，丰盛有加；贫困时端着一个大碗稀汤，抓住一块杂面干粮，门边儿上、树底下、地头上随便一蹲，就是一顿饭。但是，随着社会的发展，饮食的目的越来越不单纯了。从在世的人吃，到对辞世者的祭；从生存和生长的需要，到对美味和营养的追求；从简单的进食、消化，到过程和动作的仪式化；从口感与味觉的满足，到色彩和样式的视觉享受；从个人的食用，到家庭的团聚、朋友的抒怀、乡愁的体验……几千年来，烹饪和饮食从口味到心享，已经不仅是物质文明，而有了深厚的精神内涵。于是，烹饪和饮食与许许多多自然的、社会的因素发生着密不可分的关系。人们在山河湖海中寻觅食材，通过农牧业生产扩大烹饪的原料，借助日渐精密的手工业创造烹食的器皿。人的口味与食品制作跟地势、季候、交通、居住条件等等发生了关联。在打上了时代和地域烙印的烹食习俗和礼仪中，可

以考察出不同人群的生理和心理特征。"吃"造就
了人类的文明，人类的文明又发展、改进、丰富了
"吃"的技术与艺术。所以，往深里说，烹饪饮食
文化是有关人类文明史的大课题，值得细微的文笔
去大书特书。

就整体民族文化而言，中国人在烹饪饮食领
域的创造实在令人惊叹。就食材的丰富，烹饪手
法的多样，不同菜系口味之纷繁，果腹之外品尝、
养生、治疗、交际等功能的众多，在世界上可以说
无与伦比，漫长的烹饪饮食发展史，有多少高超的
发明和技艺使人惊呼，有多少与之相关的生动故
事让人神往。但是，要了解这些故事，学习这些技
艺，必须去阅读古书，而训诂学，就是帮助我们准
确读懂古书的桥梁。

现在再来说训诂学。

训诂学是中国传统语言文字学的一个组成
部分。周代的宫廷学校分国学与乡学，其中包括

小学与大学。八岁入小学,保氏教国子,先以"六书",因为只有先学习了汉字,才能通过读书学习数学和礼、乐、射、驭等别的课程。所以周代就把认字、读书、作文这种开蒙的教育称作"小学"。秦始皇初兼天下后,讲求实用技术,烧毁经书,并发布很严厉的"挟书令"——除幕府外,民间不能私自藏书。汉初"罢黜百家,独尊儒术",需要将先秦经典发掘出来,始创经学,以儒家经典《诗》《书》《易》《礼》《春秋》为教材。汉字是表意文字,古文经学家手中持有还保存着古文字书写的经典,而早期古文字形义是统一的,因此可以利用汉字的字形来证实经典的意义,从而解读经意、还原历史。这就产生了将汉字形音义统一而整理典籍的学问,沿袭周代的名称,仍叫"小学"。这里的"小学"不是小学问,因为它和经典捆绑在一起,是经学的一个部分,在当时是大学问,所以汉代就有人给它翻案,说不能再把它"降在小学"。于是到了隋唐时期，便将"小学"明确分为文字（形）、声韵（音）、训诂（义）三门。这三门学问，虽各自都有自己的理念、方法和专书，但就解读古代文献的应用目的而言，形、音、义必须结合，文字、音韵、训诂是分不开的。东汉许慎尽二十年之力，作了一部《说文解字》，在五经话语系统的基础上总结了汉字的形义关系，并建立了上古音系统，是第一部把文字声韵训诂学引向科学的经典著作。

训诂学是解读古代汉语书面语意义的学问，它有三个基本方法：一个是"以形索义"，也就是利用汉字的表意性来解释古代典籍。第二个是"因声求义"，也就是考察词的古音，找到词的本字，再准确理解词的本义。清朝大学问家戴震说"故训音声，相为表里"，王念孙说"训诂之旨，本于声音"，都是说音和义的关系很重要。第三个是"因义证义"，是利用汉语词义的系统性和引申规律来确证意义的内涵。这三个方法合在一起，就是"形音义互求"。在这本小书里，是想一方面介绍古书上关于烹饪饮食的记载，一方面采用训诂学形音义互求的方法，让大家既熟悉了古人的生活，又熟悉了古人解读文献的训诂学。

利用汉字形音义的结合，追溯汉字和古代汉语词义的变迁，可以找到很多烹饪饮食文化的信息，使烹饪古史再现，它是写在书上的文物考古。这里只举一个例子：上古汉语中，"禽"是鸟兽的总名，这个字从"内"，表示禽兽的脚爪，古人对禽兽的脚爪最为敏感，因为他们要靠脚印来辨识禽兽的种类与行踪。后来，人和鸟兽有了更深入的接触，分清了飞的和走的，汉字中就有了"禽"与"兽"的分立。《尔雅·释鸟》："二足而羽谓之禽，四足而毛谓之兽。""禽"与"擒"同源，"兽"与"狩"同源，这说明，在语言里"禽"与"兽"分立之时，中原尚处在狩猎时代，烹食的肉类原料是以野生动物为主的。此后，人类分清了猛兽和驯兽，有一部分肉食的食材可以豢养了。于是由"兽"孳乳出"畜"字，"畜"在《说文解字》里有一个重文写作𤲃，从兹从田。"兹"有滋生、积累义，"畜"是豢养而积累下来的田猎物。有豢养，就必定有放牧。狩猎与畜牧并存，人类的生活资源有了剩余和积存，生产力又向前发展了一步。这是生产信息，同时也是烹饪饮食信息。汉字和汉语反映的这些信息，在典籍的记载里可以得到证明。《周礼》记载，在宫廷里掌管烹饪饮食的官宦（其实是家奴）最高为"膳夫"，他手下有"内饔"掌管宫廷内的饮食，"外饔"掌管祭祀及宫廷外皇亲的饮食。另有"庖人"是专管炮制肉食的，肉食的原料分六兽（麋、鹿、熊、麕、野豕、兔）和六禽（雁、鹑、鷃、雉、鸠、鸽），由"甸人"供应。"甸"是郊野，这里所说的"兽"和"禽"都是野味，经过狩猎获得，或有多余，养在郊野的园囿里。六畜（马、牛、羊、犬、豕、鸡），则是豢养在牢和圈里，可以按需取用。《周礼》记载的饮食管理的格局，与汉字汉语词汇的分合状况完全吻合。这个例子说明，了解烹饪饮食文化，需要阅读古代典籍、考证字词意义的发展。也就是说，需要有一点训诂学的常识。

我们已经在《舌尖上的中国》那些视频里看到了现代美食的制作，饱了眼福。在旅游业发展的今天，只要到各处去走一走，饱一饱口福更是不成问题。除此之外，我们是否还要对那些厨艺与美食的历史有一点了解，来充实一下我们的精神呢？诚如此，对中华民族的创造性，也会有更深的体会吧！

这本小书里涉及的都是烹饪饮食最普遍的事物，包括烹饪饮食的总名、烹饪原料及其加工、调料和人的味感、烹饪方法和厨艺、炊具和食具、饮食成品的名称、饮酒的生理、烹饪饮食的文化传统等。每篇的内容不过平常所记，顺手拈来，即兴而发,没有系统,也不求全,只是想以此唤起读者的兴趣,让读者对文字训诂学的浅显方法稍有了解,对古代文献这方面的记载略加关注。早在汉代,训诂已经由于解释经典而登上了厅堂,希望今天,这门有用的学问不但能够"上得厅堂",也能够"下得厨房",被更多人接受和喜爱。

饮与食

　　"饮"与"食"相对而言时，前者指喝水、喝酒，后者指吃饭。《诗经·小雅·绵蛮》："饮之食之，教之诲之。"郑玄笺："渴则予之饮，饥则予之食。"可见"饮"与"食"的分工。但是在很多地方，"食"既有时包括了"饮"，"饮"也有时能代替"食"。《周礼·天官》有"膳夫"之职称，郑玄说"膳夫"是"食官之长"，而这种官不但管吃，也管喝。《宋史·食货志》说："民之欲茶者售于官。其给日用者谓之食茶，出境则给券。"这里的"食茶"即"饮用之茶"。直到现代，很多方言里"喝茶"还说"吃茶"，"喝酒"还说"吃酒"。古代饮食通称，还表现在"饮"也可以统"食"。《史记·高祖本纪》："吕后与两子居田中耨，有一老父过请饮，吕后因铺之。"这里的"饮"其实是吃饭。从这些迹象可以看出，在更古老的语言里，"饮"与"食"本是不分的。恐怕待到饮料和酒的制作较成熟后，"饮"才专门针对液体而言。

"食"字甲骨文作🍚或🍚，画的是个盛了食物的有盖的簋（guǐ）。簋是古人盛黍、稷、稻、粱等熟食的器具，方形，有盖用来保温。🍚、🍚就是"簋"的象形字。可见，"食"在古代作名词用时，专指主食。后来才变为泛指饭食或食物。

在殷商卜辞里，就有"大食"与"小食"之称。大食后来称"饔"（yōng），甲骨文写作🍚，画两只手从簋里取食物。这顿饭上午八九点钟吃，所以又叫朝食。小食后来叫作"飧"（sūn），又叫"餔"（bū）。这顿饭下午四五点钟吃，吃这顿饭时，天就快黑了，所以春秋时宫廷里吃这顿饭要催请，叫作"餗"（sù），古代文献里都借作"速"字，所以有成语"不速之客"，就是没经邀请就来的客人。可见起码是殷商时代，一般是吃两顿饭，因此"饔飧"时常连用。《孟子》中有个主张平等的许行曾说过："贤者与民并耕而食，饔飧而治。"就是说，贤能的君主要和老百姓干一样的活儿，吃一样的饭。

　　"食"所从的𣑺、𣍘（簋）字，到小篆时形变作𣍘，读bì，又读xiǎng，这是讹变的结果。《说文解字》说："谷之馨香也。象嘉谷在裹中之形。匕，所以扱之。或说皂，一粒也。"这完全是根据形变以后的字另讲本义，是形与义在新的基础上再度统一。文字学对这种现象有一个专用名词，叫作"理据重构"。小篆的"即""既""卿"都从"皀"。其实，考其字源，这三个字里的"皀"与"食"下的"良"，都是 🐾 的变形：

"即"甲骨文、金文都作 🐾，象一个人面对一个盛饭的簋坐着，因而有"靠近""就"的意思。

"既"甲骨文作 🐾、金文作 🐾，象一个人面前放着一个盛饭的簋吃饱了回头不顾，因而有"终了""完了"的意思。

"卿"甲骨文作 🐾，象宾主二人面向食器对坐，所以是"飨"（xiǎng）的本字。"飨"和"享"在上古时是有区别的，"飨"是人吃饭，"享"是神鬼吃饭。到了后代，这两个字在"食用"义上已不分给人吃还是给神吃了，所以唐宋的祭文最后总要说一句"呜呼哀哉，尚飨！"或"尚享！"这是请鬼神享用祭品，而字也可写作"飨"。

小篆里的"食"也从这个"皀"，分析字形的演化，"亼"是上面的盖子变来的，"皀"是下面的变来的。在小篆里，"亼"是"集"的古字，"皀"当一粒米讲，一粒一粒把米集起来，就成了饭食。小篆里的"食"就是按这个理据，重新把形义统一起来的。

说

烹

　　"烹"字原写作"亯",《说文解字》有"亯"和"𠅏"两形,它的本义是把煮熟了的食物献给鬼神。汉代以后,它逐渐分化成三个形、音、义各异的字:

　　(一)读"许两切"(xiǎng),字写作"享",主要意义是"享献"。《说文》:"亯,献也。"就是取的这个意义。"享献"的相对动作是"享用”“享受”，这些意义也都写“享”，读xiǎng。

（二）读“许庚切”（hēng），字写作“亨”，主要意义是“亨通”，也就是“有运气”“顺利”。这是“享献”的引申义。

（三）读“普庚切”（pēng），字写作“烹”，当“煮熟”讲。孙诒让《周礼正义》说：“亨，煮也。”这个“亨”就是“烹”，读pēng。

《周礼》有“亨人”之官，他的职务是“掌共鼎镬以给水火之齐，职外内饔之爨亨煮、辨膳羞之物”。镬（huò）是古代的锅，爨（cuàn）是古代的灶，镬和爨数相等，也就是有多少锅就设多少灶眼。食物在镬中煮熟后，放在鼎里，献到祭庙中祭台上供祭祀，或放在食几上供食用。而亨（烹）人的主要工作是掌握“水火之齐”。孙诒让解释“水火之齐”说：“齐即分量之法，凡亨（烹）煮，或多洎，或少洎，此用水多少之量也。或爓，或孰，此用火多少之量也。”也就是说，煮食物，

事獻。謂酌
其長帥　凡小喪紀陳其鼎俎而實之　謂喪
　　　　　　　　　　　　　　事之

祭奠
亨人掌共鼎鑊以給水火之齊　鑊所以煮肉
及魚腊之器

既孰乃脀于鼎齊多少
之量。才細反，注同。
齊才細反。

職外內饔之爨亨煮
職，主也。爨，今之
竈。主於其竈爨烹物

祭祀共大羹

辨膳羞之物

鉶羹賓客亦如之　不致
五味也。鉶羹加鹽菜

大羹，肉湆。鄭司農云：大羹

天官上

矢。（湆）
去及反

甸師掌帥其屬而耕耨王籍以時入之以共

《周礼·天官·冢宰》"亨人"，东汉郑玄注，唐陆德明音义，《四部丛刊》本最重要的是掌握火候和水量。烹煮的火候与水量，既要随着祭祀和食用的具体要求而异，又要随着所煮的东西而异，周代的煮食有膳与羞两类。膳是肉食，常用的有牛、羊、猪、狗、雁、鱼；羞是应时而有的其他自然产物，传说可供祭祀的羞就有一百二十种，要把这么多的品种依不同的要求煮熟，有时还要放上调料——也就是搭配的东西，掌握火候和水量自然是一种十分复杂的技术了。

"亨（烹）人"的工作必须与"内外饔"配合。内饔是掌管宫廷内王、后和世子们的伙食的；外饔是掌管祭祀时设计祭品的。如果没有亨人，他们是完不成任务的。亨人就是今天掌勺的主要厨师。

《周礼》这部书是反映周代礼制的，它虽然带有一点理想的成分，但总的说还是描写了当时的宫廷生活。而祭祀与吃饭又是宫廷里最大的两件事。可以想象，当时的君主对这两件事的安排是很铺张的，因而也就体现出熟食的最高水平。民间的饮食自然要比《周礼》的记载简单得多了。

烹煮是古代最常用的熟食之法，相比起来，在原始人时烤炙之法虽比烹煮发生更早，但在中国人进入新的文明时期后，烹煮在宫廷生活中代替了烤炙，特别是在祭祀时，烤炙只在柴 (chái) 祭中用之，而烹煮则花样翻新，用得很广，所以，"烹"这个词便与"饪"结合，发展为熟食的总名了。"民以食为天"，"烹"字与"享受""亨通"的字源关系，又一次证实了烹饪在人类文明生活中所起的巨大作用。

说饪

　　"饪"是古代熟食的总名，又是生熟程度的标准。《礼记·文王世子》和《论语·乡党》都有"失饪"之说，"失饪"即"失生熟之节"，也就是食物煮得不熟或过熟，不合标准。古代祭祀时，煮肉要煮得恰到好处，祭肉生熟程度大致有四等，"腥"是全生，"爓"（qián）是半生半熟，"糜"是过熟，熟而不过，称作"饪"。"腥"与"爓"都可入祭,然而至于饔,也就是到了厨房里,供人的膳食时,就必须合乎"饪",所以《论语》说:"失饪不食。"这说起来是个礼法,但也颇符合饮食科学:不熟,一难消化,二不卫生;过熟,一失鲜美,二失营养。熟食讲究不可失饪,实在是咱们祖先早有文明的一个重要表现。

"饪"字是古汉语中的一个重要的词,它的同源字很多,都跟"熟"义有关。"饪"的异体字作"腍"。《仪礼·聘礼》说:"唯羹饪筮一尸。"注说:"古文饪作腍。"《诗经·小雅·楚茨传》:"亨(烹),饪之也。"《经典释文》说:"饪,本作腍。"由"腍"生出另一个孳乳字"稔"(rěn),意思是稻谷成熟。因为中原农作物一般是一年一熟,所以"稔"又引申为"年"。《左传·襄公廿七年》:"不及五稔。"《国语·晋语》:"鲜不五稔。""五稔"就是五年。"稔"有时也写"饪",二字同源通用。"饪"还有一个同源字,就是"胹"(ér),"胹"也是用火熟肉，《方言》说："腼，熟也。自关而西秦晋之郊曰腼。"它的字音是因为方言而略有变化，但从古音看，与"饪"仍很接近。《左传·宣公二年》记载一个极端暴虐的君主晋灵公，因为"宰夫（按：厨师）腼熊蹯（fān）不熟"，便"杀之，置诸畚（běn），使妇人载以过朝"，"腼熊蹯"就是炖熊掌。由此看来，"饪"为古代熟食的总名，并与"烹"连用成为现代熟食的总名，是源渊已久的。

说羊

　　羊在中国素有令名，从汉字看，"祥""善""美""義（义）"都从"羊"。古代吉礼用羊，卿贽用羔，都表现了对羊的赞赏褒扬。《春秋繁露》解释人们对羊的好感说："羔食于其母，必跪而受之，类知礼者，故羊之为言犹祥与！"文天祥的《咏羊诗》称："长髯主簿有佳名，羵首柔毛似雪明。牵引驾车如卫玠，叱教起石羡初平。出都不失成君义，跪乳能知报母情。千载匈奴多牧养，坚持苦节汉苏卿。"——一个多么美好的义畜形象！

是的，羊羔哺奶时是跪下的。但这只是一种自然生态，附会到义与礼，是人的观念所致，那是秦汉以后的事了。远古时，人们对羊的好感，恐怕大都是实用的，《说文解字》"美"训作"甘"，本义是味美，美貌、美好之义都已是引申义，"美"下说："羊在六畜主给膳也。""羸"训"瘦"，徐铉说："羊主给膳，以瘦为病。""羞"下又说："进献也，从羊，羊所进也。""羡"当"贪欲"讲，上从"羊"下从"次"，"次"(xián)训"慕欲口液"，也就是今天所说的口水，望羊而流口水，是谓贪欲。凡此种种，都说明羊的价值主要在食用。宋代的黄鲁直《戏答张秘监馈羊》诗说："细肋柔毛饱卧沙，烦公遣骑送寒家。忍令无罪充庖宰，留与儿童驾小车。"——黄鲁直笔下羊的形象比起文天祥之寄义，则平易多了，显出一种无辜的获罪状，然而"充庖宰",却朴素地道出了羊的真实价值。

翻开古代的药经与食经，可以进一步明了羊主给膳的原因。羊肉味甘而大热，性属火，食后可以补中益气，安心止惊，开胃健力。肥羊肉煮汤，如加上当归、黄芪、生姜，对产后厥痛、大虚、带下之病，可谓汤到病除。羊的头、蹄、皮均可益气，血、乳有滋中之效，羊油止痢，心、肺、肾补心，羊肝明目，连羊骨髓都是上好的滋补物。只有羊脑不宜食用，却可以治皮肤病。羊的身上处处都是宝，食一羊而利全身，还加上，羊性成群——"群"字从"羊"，徐铉说"羊性好群，故从羊"——便于驯养和繁殖，其类必多，它在食用畜中居首位，是毫不奇怪的。

中国古代关于食羊的记载很多，许多传闻及逸事颇具情趣，这里介绍两则。《清异录》记载：窦俨眼睛有病，快到失明的地步，遇良医，劝他多吃羊眼，窦俨就天天吃羊眼汤，一直到死，其家人把羊眼汤称"双晕羹",世人则称"学士羹"。《青州杂记》载:熊翻每次请客,饮酒至半,总要杀一只羊,让客人自己割取喜欢的部位,然后用各色彩线系上记号,等蒸熟了,自己凭彩线认取,用竹刀切食,称作"过厅羊"。——这些故事,都说明食羊的普遍。只是羊肉性热,只宜冬春食用,产地大部在西北多草地带,所以肉食的首位在现代已被猪肉取代了。

说鸡

　　现代菜肴中，鸡是最常用的禽肉原料，不论是宴会还是家常，鸡都是禽肉中食用频率最高的。除鸡肋被称作"食之无味，弃之可惜"的下品食料外，鸡翅、鸡爪以至鸡臀（俗称"鸡尖"）、鸡冠，无不有人视为美食。鸡胗、鸡肝、鸡肠，亦不失为佳品。何况还有中外惯食的鸡蛋，使鸡在供膳方面的功劳又加一等。

但是，中国古代鸡在人类熟食品中的地位不如鸭、鹅。《周礼》所载之"六牲"，包括马、牛、羊、豕、犬、鸡，但这是供祭祀用的，其中马是耕田役畜，鸡是司晨鸣禽，起码这两样，祭祀的意图恐怕不单纯是饱祖宗口福的。而所说的供活人食用的"六膳"，则包括牛、羊、豕、犬、雁、鱼（其中的雁指的是鹅）。《周礼》食医之职有"会膳食之宜"一项，何谓宜？讲究的是"牛宜稌（tú），羊宜黍，豕宜稷，犬宜粱，雁宜麦，鱼宜苽（gū）"，以肉类配谷类，以求凉热中和，口味适宜。这六种肉类不包括鸡肉。

鸡在食用上的知名度显然不如鹅、鸭，但它在古代另有两方面的社会功效：

一是司晨——"埘鸡识将曙，长鸣高树颠"（梁简文帝《鸡鸣篇》），"深山月黑风雨夜，欲近晓天啼一声"（崔道融《鸡》诗），"老人从此知昏晓，不用元戎报五更"（陆游《新养白鸡毛羽如玉殊可爱》诗），"明朝春黍得碎粒，第一当册司晨功"（陆游《新买啼鸡诗》）……它的啼声驱走了暗夜，迎来了曙光，慰藉了无告的老人，催促着劳动和丰收，它在诗人笔下的形象是勤奋的象征与光明的使者，岂忍让它在汤鼎里烂透和油锅里炸焦！

二是戏斗——请看三国魏刘桢的《斗鸡诗》：

> 丹鸡被华采，双距如锋芒。愿一扬炎威，会战此中唐。利爪探玉除，瞋目含火光。长翘惊风起，劲翮正敷张。轻举奋勾喙，电击复还翔。

这又是何等威武的形象！可惜这好斗的性格不过是供人戏耍。"博弈非不乐，此戏世所珍"（应玚《斗鸡诗》），斗鸡只不过是比下棋更刺激的一种游乐，在训练思维、开放智力方面，斗鸡则远比不上下棋，所以，鸡在斗场上的形象本无英雄可言，仅足以提高它的知名度吧！

　　周代宫廷少食鸡肉，的确与它能司晨有关。李时珍《本草纲目》说："古人言鸡能辟邪，则鸡亦灵禽也，不独充庖而已。"辟邪也是由司晨而来。其实，能司晨者只有公鸡，至于母鸡，"牝鸡司晨"一向为古代所忌讳，又上不得斗场，本是以食用为第一社会效用的。但牝鸡能生蛋，事关繁衍，因之也列为"灵禽"，实在不算过分。

　　鸡一名烛夜——照亮暗夜，颇具诗意。徐铉说："鸡，稽也，能考时也。"这个名源恐怕不准确。"鸡"古音在"见"纽"支"韵，拟音kie，正以其鸣声而得名，联系到"鸭"在"影"纽"叶"韵，拟音eap，"鹅"在"疑"纽"歌"韵，拟音ŋa，都与它们的鸣声有关。所以"鸡""鸭""鹅"三种家禽之命名，均以鸣叫声为词，是为原生词。汉语中以鸣叫声来为动物命名的，诸如"蛙""知了""蝈蝈""蛐蛐""鹧鸪"之类，实非少数，也都是以鸣叫声为语音的原生词。

鸡类非常繁多，五方所产，大小形色各异，食性也不一样，但味道大都鲜美，供膳者有之，供药者亦有之，营养学家应过细选择。不过，现代市场上的鸡，多为大批量、快速饲养，品种已很单调，恐怕不足以建立一门"食用选鸡学"了。

说鸭

　　鸭与鸡、鹅一样，也因其鸣叫声而命名。鸭声短促，声中似有嗝噎，所以"鸭"字古音在"影"纽"叶"韵，拟读eap，是入声，人们常把说起话来喉咙里总像噎着什么似的人叫"公鸭嗓"，正说明鸭叫时有嗝噎的特点。"鸭"与"鸦"古音有别，"鸦"字是"影"纽"鱼"韵，拟读ea，平声，没有一个闭口的p韵尾断后，细听鸦叫，声音可以延长，不似鸭声那么让人感到压抑。

《广雅》说："凫、鹜，鸭也。"凫是野鸭，鹜是家鸭，在动物的定名上，他们的区分是严格的。《春秋繁露》记载：有一次，张汤问董仲舒：祠宗庙的时候，有人以鹜当凫，是否可以？董仲舒说："鹜非凫，凫非鹜也。……臣仲舒愚以为不可。"可见家鸭与野鸭祭祀时在名分上是不可错的。鹜是家鸭，可资证明的训诂材料很多：《仪礼·士相见礼》注："庶人之挚鹜。"《经典释文》："鹜，鸭也。"《尔雅·释鸟》舍人注："鹜，家鸭名也。"《周礼·大宗伯》注说到鹜时讲过："取其不飞迁。"而疏更明确地说："鹜即今之鸭。"《礼记·曲礼》注说得更清楚："野鸭曰凫，家鸭曰鹜。"……这似乎已经可以定论了。坏在唐代著名诗人王勃脍炙人口的《滕王阁序》的名句上。王勃写道："落霞与孤鹜齐飞，秋水共长天一色。"——能飞的当然不是家鸭，"鹜"的所指因此又成了问题。其实，鹜还是家鸭，因为驯养的家鸭两翅退化，行动舒缓不能飞翔，所以又称"舒凫"（正如鹅又称"舒雁"），还称"家凫"；而野鸭又可称"野鹜"。文学作品里由于声律和修辞的原因，鹜与凫的称谓不那么严格，往往通用或互用。除《滕王阁序》外，楚辞名篇《卜居》也有"宁昂昂若千里之驹乎，将泛泛若水中之凫……宁与黄鹄比翼乎，将与鸡鹜争食乎"的句子，也以凫、鹜互用，说的是家鸭还是野鸭，实在无须去细细分辨！

但是，就烹饪说来，家鸭与野鸭还是要分别估价的。中国古代充膳主要是用家鸭。《左传》记载：齐国庆封专权，卢蒲嫳、王何等人想挑拨庆封和诸大夫的关系，就采取了减食的办法。齐国规定，大夫的公膳每日双鸡，卢、王让食人偷偷改成鸭，上菜的时候，又把鸭肉扣下，只上汤汁，因此惹恼了齐国的大夫。可见，食鸭在当时已是常膳，只是鸭的地位在齐国不如鸡。而古代所谓"金齑玉饭红腊紫梨"的"金齑"却是鸭子，看来又比鸡更名贵。鸭肉肥甘，性略冷，热病炎症者宜食之，胜过食鸡，尤以黄雌鸭最胜。白鸭又比黑鸭肉更佳，可以补虚，除客热，和脏腑，解丹毒。白鸭与大枣合煮，加以陈酒，称作"白凤膏"，对去腹水有奇效。黄芪鸭子更是著名的食疗佳肴。可惜今天的人们一味贪食吊炉烤鸭和酱鸭板鸭，对鸭的营养疗疾作用，不那么留意了。

野鸭居水好没，又称"沉凫"，因常以晨飞，俗讹"沉凫"为"晨凫"。往往数百为群，飞声如风雨，所到之处，稻粱一空，是一种害鸟。但它肉味鲜美，比之家鸭更令人向往。其中的绿头鸭最宜食用。传说海上有一种冠凫，头上有冠，是石首鱼所化，冬月取之，极是美食。所以，野鸭早在古代便为猎手们所瞩目。就是现代，逐射野鸭仍然是嗜猎者们的乐事。野味市场上常有倒挂的野鸭，吸引着想换口味的美食家们慷慨解囊。看来,家鸭与野鸭风味各异;凫也罢,鹜也罢,都逃不出饕餮客的庖厨与餐桌。

说
鹅

"鹅"字古音ŋa，正是它的鸣叫声。李时珍说："鹅鸣自呼。"这是因为人们以它的鸣叫声命名，鹅一叫，倒像是自己在呼叫自己的名字。唐代诗人骆宾王七岁作《咏鹅》诗：

鹅鹅鹅，曲项向天歌。

白毛浮绿水，红掌拨清波。

在孩子的眼中，绿水中的白羽，微波里的红掌，构成了一幅色彩斑斓的游禽图。更妙的是那三个连呼的"鹅"，既像是孩子在岸上欢呼着那美丽的动物的名字，又像是那美丽的动物在昂首傲然地高歌着ŋa——ŋa——ŋa——

鹅是傲慢的，绿眼、黄喙、霜毛、玉羽、红掌，高高地昂头向天，《尔雅》注说它"峨首似傲，故曰傲也"，"鹅""傲"古音近似，这是用声训来推究"鹅"的命名来源，推得虽不准确，却也道出了鹅在外形方面的一个易为人捕捉的特点。鹅是一种蛮厉害的家禽，能看门警盗，又能除虫却蛇，中国古代常用它来保障小门小户的安全。

古代鹅以雁名。《周礼》膳夫"膳用六牲"，指的是牛、羊、豕、犬、雁、鱼，雁实际是鹅。《庄子·山木篇》说："命竖子杀雁而亨（烹）之。"杀的其实是鹅。《说苑·臣术篇》："公孙支遂归，取雁以贺。"取的也是鹅。《汉书·翟方进传》："有狗从

釋鳥第十七

寶龜　書曰遺我大寶龜

五曰文龜　甲有文彩者河圖曰靈龜負書丹甲青文

六曰筮龜　此皆說龜生之處所

常在蓍叢下潛伏見

龜筴傳

七曰山龜八曰澤龜九曰水龜十曰火龜

火龜猶火鼠耳物有含異氣者不可以常理推默亦無所怪

佳其鳺鴀　鳺鴀今搗鳩

鳭鷯剖葦　似雀青黑色

鳭鷯剖葦　多聲今江東亦呼爲鷦䴗

鳭鷯　小黑鳥鳴自呼

桃蟲鷦　鷦其雌鴱　之爲鷦好在江

鴟鴞鵋鵙　今江東名鵂鶹爲鵋鵙亦謂之鵅

鶅鵳　似鷂雀色好在人家樹間

鴟鴞鸋鴂　鸋鴂鷦䴕

鶹䱏鷅　鵅鵅

鳻鶞鵗鵳

巂周燕燕　白頰似鴝鵒

鳭周燕　今之天鷚音綢繆翅翼紫白色

鶭澤虞　大如鶉雀色好高飛作聲今江東名之天鷚似雲雀而短頸翅翼紫白色江東呼爲水狗

鶭澤虞　今之鴗天狗

鷺舂鉏　白鷺也頭翅背上皆有長翰毛今江東呼爲舂鉏

鷁鶝鶔　如鵲短尾射之則旋流離

鶬麋鴰　今呼鶬鴰

鷚天鸙　大如鷃雀色似雌雉江東呼爲水狗

舒鳧鶩　鴨也

鳭鶬鶼　似鳧脚高毛冠江東呼烏𪅂音敗

舒鴈鵝　野鵝

舍䴏䴏　人家養之以厭火災

鴢頭鵁　似鳧脚近尾

鳭頭鳺　舒鴈鵝

鷯𪃒鶝

舒鴈鵝

《尔雅·释鸟》"舒雁",晋郭璞注,《四部丛刊》本外入，啮其中庭群雁数十。"所啮仍是鹅……《尔雅》："舒雁，鹅。"李巡注："野曰雁，家曰鹅。对文则鹅与雁异，散文则鹅亦谓之雁。"这就是在古书中称鹅为雁的训诂上的原因。鹅与雁确实类似，都有苍、白两种，停栖下来很难分清。但家养的鹅两翅已经退化，行动缓。它美丽、傲岸、忠诚、警惕，却已失去轻捷机敏，不能如鸿雁一般，应时群集而南北飞翔了。

鹅在周代就已是六牲之一，可见它充祭坛和充庖厨为时都早。中国古代讲究用谷类来配肉类，"雁宜麦"——鹅肉是用来配麦的。贾公彦疏说："雁味甘平，大麦味酸而温，小麦味甘微寒，亦是气味相成。"这个说法，和《本草》的说法是一致的。鹅的肉肥硕饱满，即使两肋的肉，也不像鸡肋那样"食之无味，弃之可惜"。食鹅能解五脏热，患有炎症的病人，不宜食鸡，而宜食鹅。鹅卵有补中益气的作用，比鸡蛋性温，也好消化。鹅油既可

润肤防皴，又可和面作酥食，鹅油酥比猪油制品
细腻鲜美。两广的烧鹅，江淮的鹅油卷儿，都是
驰名中外的名菜名点，所以，养鹅实在是一项极
好的家庭副业，经济效益不亚于养鸡。只是鹅宜
依水而居，除江、河、湖、塘地域，养鹅是难以普
及的。

在一般的饮食领域，白鹅比苍鹅肉更嘉美，
老鹅比嫩鹅营养价值更高。嫩鹅性冷，多食易发
痼疾，但解热消炎却有效果，宜给高烧的病人补
身。鹅的尾肉叫臎（cuì），《礼记·内则》说舒雁
臎不可食，除了气臊可厌外，还因其略有毒性。
只是现代烧鹅反而将臎留下，以满足一些特殊口
味的人食用。臎多肥油，少吃亦无大碍。

鹅的勃勃生姿与极佳的美味，在诗人看来，是
一对矛盾：留而安之？杀而食之？吕温《道州北池放
鹅》诗："我非好鹅癖，尔乏鸣雁姿。安得免沸鼎，
澹然游清池。见生不忍食，深情固在斯。能自远飞

去，无念稻粱为。"——但这毕竟是中国古代诗人的想法了，据说现代的价值是强调直接效益的，那么，鹅的第一效益当是营养和美味，吕温放生的"鹅道主义"，看来是不会有人奉行的。

说

蟹

　　蟹的腿多，名也多。李时珍《本草纲目》说：
"傅肱《蟹谱》云：'蟹，水虫也。'故字从虫，亦
鱼属也，故古人从鱼。以其横行，则曰螃蟹；以其
行声，则曰郭索；以其外骨，则曰介士；以其内空，
则曰无肠。"——名是针对特点取的，蟹的雅号这
样多，说明它的特点显著。

　　蟹的特点确实很多，是一种极富个性的动物，所

以时常入画入诗，仅仅一个横行，便是诗人们创作的好材料。且看黄鲁直的咏蟹诗：

> 怒目横行与虎争，寒沙奔火祸胎成。
>
> 虽为天上三辰次，未免人间五鼎烹。

——对于那些争胜好强、飞扬跋扈而终招祸害的人，蟹是一种极好的写照。

在蟹的许多特点中，美味又是它受到人们重视的一大特点。中国吃蟹的历史很早，《周礼》庖人"共祭祀之好羞"，郑注："谓四时所为膳食，若荆州之鱃鱼，青州之蟹胥。"胥是酱，古人又称醢（hǎi）。所以，最晚是汉代，蟹已为常膳之一。蟹的种类也很多，平时常见的是蝤蛑（yóu móu）；还有一种叫拥剑，以螯大似兵刃而得名，其中有一种一螯大一螯小的，用小螯谋食，用大螯自卫，称为桀步；最小而无毛的是蟛螖（péng huá），这几种都可供食用。另有一种螖蝑（qí），也有二螯八足，比蟹小些，生长在海边，是不能吃的。《世说新语》记载：蔡谟初渡江，不认识螖蝑，误当螃蟹吃了，差一点死去。后来他向朋友谢仁祖说及此事，谢仁祖说："卿读《尔雅》不熟，几为《劝学》死。"意思是说蔡谟未能从《尔雅》里得到区别蟹与螖蝑的知识，只因《大戴礼·劝学篇》有"蟹二螯八足"之说，凭螯足误识螖蝑，差点送了命。所以，海边的人捕蟹吃蟹，都得小心为之。

蟹性寒，北方人拆而食之，都要伴一点姜，黄鲁直所言："解缚华堂一座倾，忍堪支解见姜橙。"（《秋冬之间鄂渚绝市无蟹今日偶得数枚吐沫相濡乃可悯笑戏成小诗三首》其三）雅士则伴酒而食，苏轼所言："半壳含黄宜点酒，两螯斫雪劝加餐。"（《丁公默送蝤蛑》诗）这都是为了去寒。蟹时常腌藏，用来下酒。李时珍《本草纲目》说："凡蟹生烹，盐藏糟收，酒浸酱汁浸，皆为佳品。"他还介绍了多种藏蟹的方法：蟹"久留易沙，见灯易沙，得椒易胠(zhí)"，而"得皂荚或蒜及韶粉可免沙胠，得白芷则黄不散，得葱及五味子同煮则色不变"。加工后的蟹称蝑(xū)蟹，可以收藏起来，择时食用。

关于蟹的名称来源，说法很多：一说因蟹"每至夏末秋初，则如蝉蜕解"，所以称蟹（寇宗奭说）。这个说法似太迂曲，即使蟹真有蝉蜕的生性，恐怕也难以为常人所见。大约还是通俗的说法对：蟹食用时辄肢解，所以叫蟹。唐宋时，北方人因蟹要剥食，吃时得先洗手，所以又把蒸蟹叫"洗手蟹"。洗手蟹就是洗了手拆解。

蟹悉悉索索以八足横行，口吐白沫，而螯似在斫雪，它浑身是坚脆的壳，牝者团脐，牡者尖脐……具有如此众多的怪异现象，而人们却能发现了它的鲜美，人类发掘食料的能力实在太强了！

说蚌

　　蚌是我国最早食用的水产之一。《周礼·天官》记载："鳖人掌取互物,以时籍(cè)鱼、鳖、龟、蜃,凡貍(mái)物。春献鳖蜃,秋献龟鱼。祭祀共蠃(pí)、蠃(luó)、蚳(chí),以授醢人。"而"醢人"所掌的"馈食之豆"有八,即葵菹(zū)、蠃醢、脾析、蠃醢、蜃、蚳醢、豚拍、鱼醢。这些记载表明,古代的蚌是和鱼、甲鱼等一起制成祭品以充祭祀的，同时也供宫廷内食用。

　　古代的蚌，大的叫蜃，小的叫蛤（gé），蛤又名蛎（lì），是圆的，长的则称蠯，都能食用。这些软体动物都有一双对称的外壳，所以都称互物（互有"相对"之义），又称甲蛮（mán，蛮有"相当"之义）。又因为它们埋藏在泥中，到了春天，鳖人从泥里把它们挖出，所以叫"貍（音埋）物"。蜃早在远古就在人类生活中起着十分重要的作用了，商代的金文里有🐚字、🐚字，甲骨文作🐚形、🐚形，这就是十二地支中的"辰"字，也就是"蜃"的古字。可以看出，原先画的是带壳的软体蚌蛤，以后变形似犁头般的农具。文字记载着古代的生活——蚌肉可以吃，而蚌壳则经过打磨后，可以用作农具。《淮南子·氾论训》说："古者剡耜而耕，摩蜃而耨。"这使我们理解，蚌为什么又叫"蛎"，俗称"蛤蛎"。那是因为源于"砺"，砺是磨石，派生出需要打磨的蛎名来。我们还因此而理解,"農"("农"的繁体字)、"耨"(nòu)都从"辰",也是因为"蜃"曾作过农具。由此当然可以推想,如果不是人们在农耕开始以前就知道食蚌,便不会想到用蚌壳作最早的农具!

传说蜃与蛤都是鸟变的。《国语·晋语》说:"雀入于海为蛤,雉入于淮为蜃。"《说文》说:"蛤,蜃属。有三,皆生于海:厉,千岁雀所化,秦人谓之牡厉;海蛤者,百岁燕所化也;魁蛤一名复累(lěi),老服翼所化也。"(依段玉裁《说文解字注》文)翩跹翱翔的燕雀,投入恣肆汪洋的大海,化作外壳缄闭的蚌蛤,这给蚌染上了一点神秘色彩,也给食蚌增添了隽永的诗意。

蚌制成醢(酱),大约曾是一种鲜美的食物,可惜今天民间已经很少有人这样烹食了。现代人吃蚌肉,多半是将它带壳煮熟,使蚌壳张开,调以姜醋,饶有风味。蚌肉含高蛋白,营养也极丰富。南方的水产公司将丰产的蛎去壳,肉制成干儿,叫作淡菜，淡菜是一种清肺降压的好食品，爱吃的人很多，但人们都不知道它为什么叫淡菜。明代郎瑛在《七修类稿》里曾谈到，他见杭州人食蚌肉称食淡菜，最初以为"淡"是"啖"的同音借用字，"啖"当"吃"讲，虽勉强可解，但明明是软体动物，为什么叫"菜"呢？他还是不懂。郎瑛又曾见《昌黎集》（唐代古文家韩愈的文集）记载孔戣（kuí）为华州刺史时，奏请免掉明州岁贡淡菜，"淡菜"也是写这两个字，更为使他不解。后来，他考证到南海取珠者名"蜑（dàn [dan]）户"，珠取于蚌，"淡"与"蜑"在上古双声，韵很近。"淡"韵收–m，"蜑"韵收–n，但宋元以后，–m已逐渐变为–n，蚌名"蜑"而写作"淡"，是因为宋元以后的口语中，"淡"成了"蜑"的同音借字。蚌肉是取珠人的常食，贱之如菜，所以叫淡菜。他的说法颇有根据。元代的陶宗仪在《南村辍耕录》中记载："广海采珠之人，悬絙于腰，沉入海中，良久得珠，撼其絙，舶上人挈出之。葬于鼋鼍蛟龙之腹者，比比有焉。有司名曰乌蜑户，蜑音但。"看来取蚌采珠当时是个危险的职业，而从事这种职业的人确实以"蜑"命名。

《说文·虫部》新附字里有"蜑"字，训作"南方夷也"。正如北方以牧羊为业者名"羌"一样，南方以采蚌为业者称"蜑"，都以其畜养获取之物命名。这正是蚌名"蜑"而写同音字"淡"的明证啊！

说白菜

　　白菜，古代的学名叫作"菘"（sōng）。《本草·菜部》列入"别录上品"。李时珍《本草纲目》说："菘，即今人呼为白菜者。"如果说得更准确一些，菘有两种：一种是白菘，叶大，根小，根不能吃；一种是紫菘，开紫花，根似蔓菁，又称芦菔（fú）。白菘才是今天的白菜。古代典籍记载，唐代以前北土无菘菜，是从南方移植到北方的。但唐代

鈙名巴屋人言

卷二十六

捣之即好勿令四眼人
见
陆氏积德堂方

菘
别录
上品

释名白菜
时珍曰按陆佃埤雅云菘性凌冬晚凋四
时常见有松之操故曰菘今俗谓之白菜

其色青
白也

集解
弘景曰菘有数种犹是一类止论其美与不美
其味微苦叶嫩稍阔颂曰扬州一种菘叶圆而大或淡
若箕唊之无渣絕勝他上者疑即牛肚菘也时珍曰

菘即今人呼为白菜者有二种一种茎圆厚微青一
种茎扁薄而白其叶皆淡青白色燕逴阳扬州所
种者最肥大而厚一本有重十余斤者南方之菘哇

内過冬北方者多入窖内燕京圓人又以馬糞入窖

《本草纲目·菜之一》，明李时珍撰，《四库全书》本以后北方的菘菜生长极佳，超过了它的原产地。

菘菜列为上品，是因为它的茎叶甘、温、无毒，可以通利肠胃，除胸中烦闷，解酒渴；又可消食平气，止热解嗽。冬天的白菜尤佳，和中，利大小便。它的籽也甘、平、无毒。而且产量也很高。李时珍《本草纲目》说："菘即今人呼为白菜者，有二种：一种茎圆厚微青，一种茎扁薄而白。其叶皆淡青白色。燕、赵、辽阳、扬州所种者，最肥大而厚，一本有重十余斤者。"所以，菘列为上品，是不奇怪的。《南齐书》里记载过两个故事，都与菘菜有关：一个是，卫将军王俭曾经去拜访武陵王萧晔，萧晔留王俭吃饭，席间并无珍贵菜肴，仅有菘菜鲍鱼而已。王俭认为这正是他以真诚相待，所以吃得很畅快，尽欢而去。另一个是，周颙隐居在钟山，文惠太子问他："菜食里什么味道最胜？"周颙回答说："春初早韭，秋末晚菘。"——这两个故事，前一个可见菘菜并非贵重之菜，值钱是不多的；后一个又可见菘菜滋味嘉胜，是秋冬的美食。

白菜所以名"菘"，也有它的来源。陆佃《埤雅》说："菘性陵冬晚凋，四时长见，有松之操，故其字会意。"这个说法很有根据。一想起白菜就是草本的松，再想起"岁寒，然后知松柏之后凋"的说法，那么，在大雪纷飞的冬天，端上一海碗白菜汤来，便会在美食之外，增加更浓的诗意呢！

说葱

葱是现代菜肴重要的佐味品，北方很多地区还直接当生菜食用，极为普遍。中国古代食葱的历史很早。《荀子·哀公篇》说："夫端衣玄裳、絻 (miǎn) 而乘路者，志不在于食荤。"杨倞注："荤，葱薤 (xiè) 之属也。"这说明，葱在古代属荤菜 (即辛辣有味儿的菜)，而且是常馔之菜。古人在几种情况下是不食荤的：一是佛门、道门不用荤菜，他们认为葱、蒜、韭、姜这些辛辣之菜刺激味太大，会坏人心性，所以不吃；二是祭祀、斋戒时不食荤。《庄子·人间世》："颜回曰：回之家贫，惟不饮酒、不茹荤者数月矣。若此，则可以为斋乎？"这是古代斋戒不吃葱、蒜等臭菜的明证。《论语·乡党》记载，斋戒要"变食"，禁荤物，唯独不撤姜食。因为在荤菜中，葱、蒜、韭都有浊气，唯独姜气清。由此看来，葱在古代的荤菜中也不是上等品。

但是在药用植物中，葱却有相当高的地位，葱的别名是"菜伯""和事草"，李时珍说："葱初生曰葱针，叶曰葱青，衣曰葱袍，茎曰葱白，叶中涕曰葱苒（rǎn）。诸物皆宜，故云菜伯、和事。"从疗病的功能看，葱白最有价值。古代食与医并举，这大约是葱虽有很大浊气却仍为古人常馔的主要原因吧！

葱的命名很有意思，它是因中空而贯通的形状特点而称作"葱"的。《本草纲目》记载，葱还有一个名字叫"芤"（kōu），因其叶中空有孔而得名。考察"葱"的同源字，可以看出它命名的理据。"窗"和"牕"都与"葱"同源，前者相当于今天的天窗，后者相当于今天的壁窗，它们都是房屋的通风孔。耳听通彻叫"聪"，引申为聪明。古人认为人的聪明即是脑洞或心窍的通彻，所以，"聪"也和"葱""窗""牕"同源。《释名·释宫室》说："牕，聪也。于内窥外为聪明也。"有一种可以作照明用的麻杆叫"熜"（zǒng），一想就能明白，它和"葱"一样，也是因中空贯通而得名。从这一系列的同源字中可以看出：茎、叶中空的植物、上下通风的窗口、内外贯通的灵性，虽然是如此不同的东西，命名的理据却是一样的。

生葱的味道很少有人称道，但过油的葱香却很能激发人们的食欲，而葱的颜色、形状又常为文学家用来形容美好的事物。《礼记·玉藻》有"三命赤韨（fú）葱衡"的记载，以"葱"代苍青之色，《江赋》的"葱茏"、《射雉赋》的"葱翠",都用"葱"形容一种翠玉般的青色。著名的汉乐府《古诗为焦仲卿妻作》形容刘兰芝"指如削葱根",使人由葱根联想到那纤细嫩白的五指……这些都增添了葱的价值,也给食用葱染上了一缕诗意,而在许多菜肴中,葱的浊气正是提味儿不可缺少的啊!

说姜

姜，繁体字作"薑"，《说文》写作"薑"，是一种亦食亦药的植物。姜与葱、蒜、韭同属荤辛之菜，但它主逐风湿痹、肠澼（pì）、下痢，对人体极有益，所以，它在调味的菜蔬中有着独特的地位。《论语·乡党》记载，周代食礼中，晚上是忌服辛辣而有刺激味的菜的，唯独"不撤姜食"，姚鼐说是因为"葱韭之类气皆浊，不若姜之清"。王安石

《字说》也说："姜能疆御百邪，故谓之薑。"他对姜命名的来源解释未必正确，可"御百邪"之说，还是有根据的。

李时珍《本草纲目》辨别姜的生长炮制，把它分作母姜、子（紫）姜、干姜、生姜四种：

母姜是成熟的姜，可以食用，也可作种植的宿根，宜种于原隰沙地，阴历四月开种，霜后则老，所以有"秋热后无姜"之说。

母姜栽种后，新芽长出，如列指状，嫩而无筋，初生时姜尖微紫，称作"紫姜"。因为母姜所生，俗讹"紫"为"子"，称"子姜"，也很有道理。

陶弘景说，取母姜，"水淹三日，去皮置流水中六日，更刮去皮，然后晒干，置瓷缸中酿三日"，这就是干姜。也有简易之做法，只要在长流水中洗过晒干就成了。干姜多半取成熟了的姜造成，入药都是用这种炮制过的干姜。

如果造干姜时取尚未成熟的嫩姜而造之，就

叫生姜。现代人以不晒干的姜都叫生姜，与古代不合。古代的生姜是干姜的一种，《本草经》说药用干姜"生者尤良"，"生者"，指嫩的干姜，而不是未干的姜。

　　母姜、子姜、干姜、生姜的食性是不尽相同的，所以用法各异。举几个古代食疗的配方就可以看出：治胃弱症可"用母姜二斤，捣汁作粥食"，或"用生姜切片，麻油煎过为末，软柿蘸末嚼咽"。两个配方，前一个指明要母姜，而且不是干姜；后一个指明要生姜。还有一种治冷痢的食疗法："生姜煨研为末，共干姜末等分，以醋和面作馄饨（按：这是没有馅的汤饼），先以水煮，又以清饮煮过，停冷，吞二七枚，以粥送下，日一度。"这里以生姜与干姜共用，足见其性能之各异。

　　姜不但食性对人体有益，而且有很好的味道，鱼肉非姜而不能出味。自古以来，姜就是庖厨中不可缺少的调和之物，南方北方皆用之，所以才被称为"和（按：指调和）之美者"。

姜为什么称"姜（薑）"，有人说它来源于"疆"，疆是边境，姜是表药，可使湿气发散出来，词义"边""表"相通，所以以"疆"得名。这个说法未必可靠。古人理解姜的药性，恐怕是稍后之事了，未必能作为命名的理据。"薑"与"麖""鯨""彊""韁""勥"同源，它们的共同特点是强大：鹿之大者称"麖"（jīng），鱼之大者称"鯨"（qíng），弓之强者称"彊"（qiáng），马之牵绳最刚韧，因而称"韁"（牛绳称"纼"〔zhèn〕，狗绳称"绁"），强大的力量称"勥"（qiǎng）……那么，辛味浓烈的菜称"薑"，也就容易理解了。

说
蒜

蒜是最典型的荤辛之菜，不论是道家还是佛家，都把它作为"五荤"之一。中国土生的蒜称为"小蒜"，张骞出使西域得来一种蒜，叫作"葫"，是谓"大蒜"。还有一种野生的小蒜，称为"山蒜"，又名"泽蒜"或"石蒜"。

蒜味浊臭。据说宋代的著名诗人范成大来到蜀地，苦被蒜熏，作诗文讥讽之。而元代的王祯却说:"(蒜)味久不变,可以资生,可以致远,化臭腐为神奇,调鼎俎,代醯(xī)酱。携之旅途,则炎风瘴雨不能加,食馂(ài)腊毒不能害。夏月食之解暑气,北方食肉面尤不可无,乃食经之上品,日用之多助者也。"——范成大是吴县(今属江苏省)人,王祯却是东平(今属山东省)人,两个人的绝然不同的反映,正说明东南沿海地方恶蒜与北方人嗜蒜,风俗差别很大。

其实,恶蒜与嗜蒜都有片面性。蒜味虽浊臭,但放在鱼肉中反而能掩腥臭;虽性热,但它的辛辣味却有助于散热。南宋叶梦得所著《避暑录话》说:有人暑月骑马赶路,中暑倒在地上,王相让人用大蒜和道上的热土研烂,再加一盏水,取出汁液,撬开牙齿灌下去,没过多久就醒过来了。所以,唐宋时代的官差信使出远门都随身带一包蒜。蒜还可以止鼻血。有人鼻衄(nǜ)不止,李时珍曾取一枚独头蒜捣碎贴在其脚心,血很快就止住了。所以，说蒜是"食经之上品"，亦不为过：烧鱼炒肉不可缺，北方人夏天吃凉面，蒜也是不可缺的，这不但是调味需要，而且是食疗使然。不过，蒜也不是有益而全然无害的，它性热能助火，吃多了伤肺损目，昏神伐性，对人体是不相宜的。

　　"蒜"字从"祘"（suàn），又有写成"茆"（mǎo）的，应当是形似的讹字。有人认为"祘"与"卯"象蒜的根须，这说法不准确。无论从食用或是药用出发，造"蒜"字都不会突出它的根须。"祘"是声符，它与"筭""算"同源。《说文解字》："祘，明视以筭之……读若筭。""筭，长六寸，计历数者。""算，数也……读若筭。"——这组同源字的核心意义是"计算""算数"，反映的是古代的筹算，蒜是多瓣的，形同聚在一起的算筹，因此从"祘"得声，由此可见古人对蒜的特点的观察。

　　说起蒜，还有一种颇具诗意的菜，值得一提。唐代在元旦立春时要吃一种五辛菜，是把葱、蒜、韭、薤（xiè，即藠〔jiào〕头）、荽（suī，即芫〔yán〕荽、香菜）五种辛辣菜之嫩者杂和而食，可以消食下气，这种菜的名称以"辛"谐"新"音，取除旧迎新的意思。杜甫《立春》诗说："春日春盘细生菜，忽忆两京梅发时。盘出高门行白玉，菜传纤手送青丝。巫峡寒江那对眼，杜陵远客不胜悲。此身未知归定处，呼儿觅纸一题诗。"诗中所说的"春盘"就是这种五辛（新）盘，盘中蒜白韭绿相映，煞是好看呢！

说甘甜

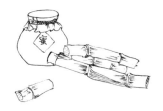

　　烹饪的要义一是求熟，二是调味。"味"字从"未"。《说文解字》说："未，味也。六月滋味也。五行木老于未，象木重枝叶也。"这是附会东汉谶纬之学阴阳五行的说法。但"味"由"未"孳乳的说法还是可信的。郭沫若说："釐"从"未"，其形可作，即"穗"的古字，"未"即"采(穗)"字。这个说法很有道理。古人以"禾"为"和"，以

"穗"为"味",道理是一样的。中国烹食中的味是调和的结果,如同大自然的各种因素综合作用于禾苗使之抽穗。

酸、甜、苦、辣、咸,称作"五味",这是五种单一的味感。其中的"甜"古代为"甘"。五味可以分成三组,"酸"与"辣"是由酒中体会出来的。"咸"与"苦"是由盐里体会出来的。这四种味感如不调和,进到人的嘴里,都感到较强烈的刺激性,与这两组味感相对立的是"甘"。

从汉字的构形看,"酸"从"酉","辣"在《说文》中作"𢐴"(shǐ,即"辛"的本字),从"鬯"(chàng),"酉""鬯"都标识酒。"鹹"("咸"的繁体字)从"卤","苦"即"盬"(gǔ),都与盐有关。它们的构形,都以这种滋味最浓烈的酿造物与提取物作为标志。唯独"甘"及由它孳乳出的"甜",直接从"口"或从"舌"。"甘"字从"口"含"一","一"是个指事符号,指出味在口中,"甜"

字从"甘"从"舌"，表示舌所感受。从这里可以看出，"甘"与"甜"不与其他四味并列，而是与四味总体相对。

"甘"是不带任何刺激的正味。《春秋繁露》说："甘者，五味之本也。"汉代以五行配五味，总是用中央"土"来配甘。《素问》注说："凡物之味甘者，皆土气之所生也。"

这就是说，"甘"是入口后不会引起刺激的一种味道，口舌对它非常适应，因而没有任何阻滞的反应。因此，《庄子·外物》说："口彻为甘。"《淮南子·原道》说："味者，甘立而五味亭矣。"这就是说，味道调和到"甘"的状况，就任何味儿都感觉不出来了。这并不是说味感等于零，只是说，因为适口，不会引起丝毫刺激，达到了"和"这一最高味觉审美标准。《老子》有"甘其食"之说，"甘"就是味觉最高的享受。且看从"甘"之字："猒"（yàn）字从"甘"从"肰"（rán），当"饱"

讲；"甚"字从"甘"从"匹"，当"非常安乐"讲；"旨"从"甘"，当"味美"讲。"甘"带给这三个字形的意义信息是"享受"。"厤"（gān）字从"厤"（lì）从"甘"，"厤"字当"调和"讲，它是"秝"（lì）的孳乳字，"秝"以两株禾苗表示匀称状态，也就是适中。而从"甘"，正是调和的结果。"甘"带给"厤"字的意义信息是"适宜""和美"。这都可以反映出，"甘"不是一种单一的味感，而是味的中和。《说文解字》说："甘，美也。""甜，美也。"确实道出了它们的意义所在。

我们从古代调味也可以看到"甘"与其他四味的总体对立。《周礼·食医》有"春多酸，夏多苦，秋多辛，冬多咸，调以滑甘"的说法。这就是说，四季的自然食物中，常常有一种味道比较突出，压倒众味，也就是五味不和，这就容易伤身。需要用枣、栗、饴、蜜这些甘甜的东西调和一下，冲淡它，于身体才有益，于品味才适宜。可见"甘"

有中和其他四味的作用。

"甘"直接孳乳出的"甜"字,有两个意思:一是蜜糖的味道;另一是淡,也就是不放糖也不放盐,只有食物的本味。例如河南人管白的面糊叫"甜汤",指不放任何佐料的面糊。这个"甜",还保留着"甘"的本味的意思。

弄清了"甘"的内涵,我们就可以明白:"甘""甜"和其他四味都有对立关系。水果生酸熟甜——酸与甜对立。中药凉苦温甘,《庄子·天道》:"徐则甘而不固,疾则苦而不入。"——苦与甘对立。甜与咸本来就是对立的滋味。至于甜和辣,体现在酿造物上。烈酒味辣,醴酪味甜,它们也是对立的。

说

豉

刘熙《释名》说:"豉,嗜也。五味调和,须之而成,乃可甘嗜也。故齐人谓豉声如嗜也。"可见汉代以前就有豉。"豉"的语源是不是"嗜",这另当别论,值得注意的倒是刘熙讲出了豉在调味中的重要性。古代调味,如果没有豉,其他味道便不能显示作用,放了豉,才能出味儿。《楚辞·招魂》说:"大苦咸酸,辛甘行些。"王逸注说:"大苦,豉也。”"辛谓椒姜也,甘谓饴蜜也。言取豉汁,和以椒姜醎(xián)酢(cù),和以饴蜜,则辛甘之味皆发而行也。"

"豉"的正字作"䜴",从"尗"(shú),"尗"是"豆"的古字。《说文·七下·尗部》:"䜴,配盐幽尗也。"重文作"豉",并说:"俗䜴,从豆。"段玉裁说:"此可证尗、豆为古今字。"这说明,豉是豆制品。"幽"同"郁",是一种封闭加温使之发酵的做法,所以《齐民要术》说,作豉必室中温暖。

古代的豆豉有咸、淡两种,咸的供调味用,淡的可以入药。袁宏《后汉纪》说过这样一个故事:李傕常设酒请郭汜,郭汜的妻子怕丈夫与李傕的姜婢有染,便设计离间他们。有一次,李傕送来一席菜,汜妻便以豉为药,使郭汜起疑,从此疏远李傕。可见调味的豉与入药的豉形状类似,区别仅在配盐不配盐上。

调味的豆豉要配盐,所以"盐"与"豉"是经

香氣蒿蒿也　糜煮米使糜爛也

粥濯於糜粥粥

然也　漿將也飲之寒溫多少與體相將順也　湯

熱湯湯也　酪澤也乳作汁所使人肥澤也　籖齊

也與諸味相濟成也　飴阻也生釀之遂使阻於寒

溫之間不得爛也　餬投也味相投成也

寅也封塗使密寅乃成醢醢多計者曰醢醢濟也宋　醢海也

魯人皆謂汁為潘醢有骨者曰䐏肥也骨肉相

膊脘無汁也　豉嗜也五味調和須之而成乃可甘

嗜也故齊人謂豉聲如嗜也　麴朽也鬱之使生衣

朽敗也　糵缺也漬麥覆之使生牙開缺也　鲊

《释名·释饮食》，东汉刘熙撰，《四部丛刊》本常连用的。《史记》有"蘖（niè）曲盐豉千答"之说。谢承《后汉书》说"羊续为南阳太守，盐豉共壶"，《宋书·张畅传》说"魏主又遣送毡及九种盐并胡豉"，都以"盐""豉"并提。所以，豉是主咸味的，百肴无咸而失味，没有豉，椒姜蜜酢不出味，这是很自然的。

这种配盐的豆豉如果取汁，就是今天的酱油。汉代以前就已经有了很好的豉汁，也就是酱油，可见中国的烹调调味技术，在世界上确为遥遥领先。

精与粝

中国古代社会进入以农业生产为主之后，粟米便成为餐饭的主食。夏、商、周三代以前，米已有粗细之分。粗米称"粝"，或写作"糲"。《太平御览》引《韩非子》说："尧粝蒸之饭。"又说："孙叔敖为令尹，粝饭、菜羹、枯鱼之膳。""粝"都是粗米的专称。细米称"精"。《论语·乡党》："食不厌精。"《风土记》说："精淅米十取七八。""精"都是指的细米。

周秦以后，特别是到了汉代，"精"与"粝"不再是个模糊的概念，而有了官定的度量标准。《九章算术》："粝米率三十，粺(bài)米二十七，凿米二十四，侍御二十一。"意思是说：五十升粟中，可以舂出三十升粝米(出米率60%)，二十七升粺米(出米率54%)，二十四升凿米(出米率48%)，二十一升侍御米(出米率42%)。可以看出，"粝"出米率最高，也就是含糠麸最多，是最差的粗米。侍御米是专供帝王食用的，属最高级的特等米。除此之外，在一般食用米中，凿米就是精米了。《左传·桓公二年》说："清庙茅屋，大路越席，大羹不致，粢食不凿，昭其俭也。"这里的"粢"(zī)是粟，"凿"是经过舂择使米精纯的方法。因此，精米也称凿米，它的出米率不足50%，与粝米比，确实是细得多了。

"粝"的意义特点是"粗"。且看与它同源的

"砺"字。"砺"是粗石,朱骏声说:"精者曰砥,粗者曰砺。"砥是细的磨刀石,砺是粗的磨刀石,所以"砥砺"当"磨炼"讲。《汉书·外戚传》说:"妾夸布服粝食。"颜师古注引孟康说:"夸,大也,大布之衣也。粝,粗米也。"韩愈的《山石》诗有"铺床拂席置羹饭,疏粝亦足饱我饥"的句子,以"疏"与"粝"连用,"疏"即"蔬",粗菜;"粝"自然是粗米了。

但"精"的意义特点却不是"细",而是"纯"。《说文解字》:"精,择也。"朱骏声说:"簸(dào)米使纯洁也。""纯"正是"精"义的核心。这一点,也可以它的同源字"晶"为证。《说文解字》:"晶,精光也。"字象星星三两相聚之状。"晶"是极亮极纯之光,所以称"精光",可见"精"义的特点在"纯"。"精"发展出"细"的意义,是在和"粝"构成反义词后,因"粝"有"粗"义,同步引申而来。"精"与"晶"在古代典籍里经常通用。《吕氏春秋·圜道》："精行四时。"注：
"精，日月之光明也。"《文选·东京赋》："五精
帅而来摧。"注："精，五方星也。"这里的"精"，
其实都是"晶"的同源通用字。

　　演变到近、现代，"精米"之说尚得保留，"粝
米"在普通话里改说"粗米""糙米"，只在北方方言
"好赖"的"赖"上，还保留"粝"字"洛带切"（lài）
的读音。

说发酵

　　用酵头发面蒸馒头烙饼，是北方人最常吃的主食。发面的使用，在中国少说也有两千多年近三千年的历史了。这一点，从"酵"字的历史发展可以看出。

　　我国古代有一部记载周以前政治制度的书叫《周礼》，又叫《周官》。这部书的《天官·醢人》记载，醢人负责掌管"四豆之实"，豆是一种类

似今天高脚盘子的食肉器，醢人负责在祭祀时制
作豆中的食物，除了各种畜肉海味和菜蔬外，还有
"酏（yí）食糁（sǎn）食"。酏食是发面饼，糁食
是菜粥。郑司农注"酏食"说："以酒酏为饼。"
贾公彦进一步解释说："以酒酏为饼，若今起胶
饼。"这里的酏，是发面引子，"胶"又写作"教"。
《汉书·李陵传》注引孟康说："媒，酒教。"从这
可看出古人对发面的认识，那时的人们已经认识
到，发面是用一种媒介物，也就是引子来使面像
酒一样发酵。这就是后来"教"字发展为从"酉"
的"酵"的原因。后来发面的引子称"起子""酵
头"，正是从"起胶饼"的"起""胶（酵）"发展
来的。

　　发面馒头以后一直用作祭祀，《南齐书》记
载，太庙四时祭荐宣皇帝都供起面饼，当时已经
有了用酵头发面后再加草木灰中和其酸味的技
术。中国的熟食烹饪，不仅菜肴烹调术很早就极发

达,主食的制作也早有经验,算起来,中国人懂得吃发面馒头,比欧洲人懂得吃面包,要早好多个世纪呢!

割与烹

　　早在公元前八九世纪，我们的老祖宗就已经有了比较成熟的烹肉技术。烹肉先将整牲宰割，割肉也很有些讲究。《礼记·郊特牲》记载："腥肆爓腍祭。"腥是生肉，将整个的生肉割成大块叫"肆"。肆解后将肉放在热水里叫作"爓"（qián），煮沸后先将肉煮熟，熟肉叫"腍"（rěn）。就是说，祭祀已经用切割后的熟肉。不只祭祀如此，宫廷里的膳食也用熟肉。《周礼·天官·内饔》："掌王及后、世子膳羞之割烹煎和之事。""割"是解，也就是肆，"烹"是煮，"煎"是将汁煨干并使肉烂，"和"是调和，也就是加上甘、酸、辛、苦、咸等五味之调味品。可见当时煮肉的技术已经有了一套程序，比较发达了。

古代切割整牲有两种解法，一种叫豚解，一种叫体解。豚解是将牲畜切割为七块，左右前肢叫肱，左右后肢叫股，体中叫脊，脊的左右叫胁。肱二、股二、脊一、胁二，共是七块。体解切割较细，共切割为二十一块：

前肢肱骨：最上为肩，肩下为臂，臂下为臑（nào）。

后肢股骨：最上为肫（chún），也叫膞；肫下为胳，或作骼；胳下为觳（què）。

中体正中脊骨：前为正脊，中为脡（tǐng）脊，后为横脊。

脊两旁之肋骨称胁（xié）：前为代胁，中为正胁，后为短胁。

肱骨六、股骨六、脊骨三、胁骨六，共二十一块。

肆解成大块后，再细割为小块或薄片，然后再加水煮。《吕氏春秋·本味篇》说："凡味之本，水最为始。五味三材，九沸九变，火为之纪。"意思是说，在烹肉时，用水和用火是根本。煮肉时一开始用热水（古时热水叫"汤"）大火，先沸一次，然后渐渐加水，开几次后，肉熟了，即是脘——谷熟为稔，肉熟为脘。然后用文火，即小火，慢慢煨，将肉汤煨成浓汁，肉也已糜烂。这是用水用火的一般规律。

用火用水之外，重要的是调味，也就是所说的"和"。《左传·昭公二十年》记载晏子的话，解释"和"。晏子说："和如羹焉。水、火、醯、醢、盐、梅以烹鱼肉。燀（chǎn）之以薪。宰夫和之，齐之據德，君若欲誅於祝史，傃德而後可。公說，使有司寬政、毀關、去禁、薄斂、已責。

十二月，齊侯田于沛，招虞人以弓，不進。公使執之，辭曰：昔我先君之田也，旌以招大夫，弓以招士，皮冠以招虞人。臣不見皮冠，故不敢進。乃舍之。仲尼曰：守道不如守官。君子韙之。

齊侯至自田，晏子侍于遄臺，子猶馳而造焉。公曰：唯據與我和夫！晏子對曰：據亦同也，焉得為和？公曰：和與同異乎？對曰：異。和如羹焉，水火醯醢鹽梅以烹魚肉，燀之以薪，宰夫和之，齊之以味，濟其不及，以洩其過。君子食之，以平其心。君臣亦然。君所謂可而有否焉，臣獻其否以成其可；君所謂否而有可焉，臣獻其可以去其否。是以政平而不干，民無爭心。故詩曰：亦

《春秋经传集解·昭公二十年》，晋杜预撰，唐陆德明音义，《四部丛刊》本

以味，济其不及，以泄其过。"可以看出古代虽有甘、酸、辛、苦、咸称作五味，但基本的味道是咸和酸。所谓"和"，就是适中；所谓"调"，就是加加减减，使其适中。所以孔颖达说："齐之者，使酸咸适中，济益其味不足者，泄减其味太过者。"这正是确切地解释了"调和"的意思。

这样一整套的割烹技术，能在公元前八九世纪便十分完善，足见中华民族的文明发源极早。到了中古、近古和现代，烹肉的方法更多了，程序更细致了，熟肉的烹饪技术有了更惊人的发展。但是这种"腥肆燷胘"的基本煮肉法，仍然为后人所喜爱。只举一件事便可看出。宋朝传下一种烂煮肉，名叫东坡肉。推其命名由来，是因宋代大文学家苏东坡的一首《食猪肉》诗而得名的。苏东坡在黄冈时戏作《食猪肉》诗：

黄州好猪肉，价贱等粪土。

　　富者不肯吃，贫者不解煮。

　　慢着火，少着水，火候足时他自美。

　　每日起来打一碗，饱得自家君莫管。

这种东坡肉的煮法，不正与爓脄肉一样吗？今天
各种炖肉——清炖肉、红焖肉等等，不过切割大小
不同，施放佐料不同，究其基本煮法，也还是爓脄
之法呢！

说油脂

中国古代的油与脂并非一物，有严格的区分界线。油是植物油，脂是动物的膏脂。

"油"得名于流动之"流"，因为植物油不凝结，是可以自由流动的液体。中国食用植物油是很晚的事了，上古的植物油大多是用来照明的。我们可以翻阅一下古代的传说。比如，一说黄帝得到了河图书，昼夜观看，便让他的大将力牧采集木实榨出油来，以绵为心，夜里点着了读书。这里所说的木实，大约是梧桐一类的油料作物，而绵当然指的是丝绵。虽是传说，却告诉我们，油的最初用途是点灯。又如，一说许游做郡守的时候，厅前有一座古墓，下令迁墓时，开冢见一个大缸，燃着灯火，而油快点完了。缸上写着："许游许游，与汝何仇，五百年后，为我添油。"他便买油把缸注满，仍把土盖上。这又是一个用油点灯的明证。魏晋南北朝时，油又常用于战争。《三国志·魏志》记载，孙权到合肥时，曾招募壮士数十人，斩松为炬，灌以麻油，从上风放火，来烧敌人的车船武器。《梁书》记载，侯景攻台城时，制造了一种曲项木驴来攻城，箭、石都挡不住它。羊侃便造了一种雉尾的铁镞，把油灌在箭头上点着，掷在木驴上把木驴烧光了。可见当时人们已经发现了植物油燃烧十分猛烈，便让它在攻战中派了用场。由于照明和军事的需要，油一直是国府的储备物。《博物志》说，晋武

帝泰始中因积油武库着火,《梁书》说,张缵为湘
州刺史的时候,喜欢积物,仓库里积聚植物油二百
斛……那时的油,大部分是麻籽油。

脂与膏时常并提,它们都是从动物身上取下
来的,一开始就用于庖厨,上古脂膏就是某些食
用动物的标志。《周礼·冬官·梓人》说:"天下之
大兽五,脂者、膏者、赢者、羽者、鳞者。"这五种
大兽,脂指牛羊之属,膏指猪类,赢(luǒ)指虎、
豹、貔(pí)、螭(chī)等浅毛兽,羽指鸟类,麟指
龙蛇之属。可见牛、羊、猪的特点就在他们身上的
膏脂。至于膏和脂,笼统地说可以通用,都指动物
油,分开说也有些区别,《说文解字》说:"戴角
者脂,无角者膏。"戴角者自然是牛、羊、鹿等,无
角者恐怕猪之外,还有狗和鸡、鸭、鹅等。其实,
从膏、脂的意义看,它们的区别主要在凝结度。牛
羊油凝结后成板块状,称脂;猪油、鸡油凝结后成
糊状,称膏。与脂、膏比,油一般不凝结,所以才以

"流"命名。

中国古代的动物膏脂主要用作煎和，祭祀中有一种膳献，是以膏脂煎肉丁儿、肉末；庖厨也用膳禽。禽是兽的总名，膳禽要根据季节来选用肉类和膏脂：春膳膏芗——芗是牛油，春天宜食羔豚，配以牛油煎和；夏膳膏臊——臊是犬脂，夏天宜食腒（jū，干雉）、鱐（sōu，干鱼），用狗的膏脂煎和；秋膳膏腥——腥是猪油，秋天宜食牛犊鹿麛（mí），用猪油煎和；冬膳膏膻——膻（shān）是羊脂，冬天宜食鱼和雁（鹅），用羊油煎和。选择膏脂作煎和时，又要配以不同的辛菜。《礼记》有"脂用葱，膏用薤"之说。薤（xiè）是一种多年生的草本植物，也叫藠（jiào）头，类似洋葱，用猪油、狗脂煎和时，宜用薤来调味。

近现代营养学的发达，使人们认识到动物油多食对身体不利，才把目光转向了植物油。食用植物油的原料也由桐、麻之类演变为芝麻、花生、黄豆，以至葵花子、玉米芯……更有趣的是，牛油羊油反而成了工业原料，用来制造肥皂和蜡烛。古代用来照明的植物油和用以食用的动物膏脂用途来了180度大调动、大换班。其价值自然也发生了很大变化。人们常有"今是昨非"之叹，回头看看人类生活史，人们当会感到平凡的事物中也有不少耐人寻味的东西吧！

说

炙

　　把生食近火烧烤而熟之，其法曰炙。《齐民要术》有"炙法"，具体做法很多：有用整猪开腹去五脏净洗以茅填满腹腔而炙者，也有逼火偏炙一面随炙随割者，还有切成寸块急速回转而炙者，更有灌肠而炙，捣丸而炙，薄片而炙，作饼而炙者。可炙之肉除猪、牛、羊、鹿、鸭、鹅外，还有鱼、蚶（hān）、蛎等水产。究其做法，大约相当于今天的烤肉，但今天常常食用的烤肉除了整只的烤乳猪和烤全羊外，还有在烤炉上设网而烤和串成串来烤，比起我们的祖先来，已经单调得多了。

《齐民要术》是后魏贾思勰的撰著，而烧炙之法则早已有之。《礼记·礼运篇》说："夫礼之初，始诸饮食。"又说："以炮以燔，以亨（烹）以炙，以为醴酪。"注说："炮（páo），裹烧之也。""燔（fán），加于火上。""炙，贯之火上。"以"炮""燔""炙"三者分言之，统言之则都称"炙"，具体炙法不同。

《说文·十下·炙部》："炙，炮肉也，从肉在火上。"战国简书"炙"形正象一块吊着的肉在火苗上烘烤。分言之，炮、燔、炙是三种不同的烤肉法。《说文·十上·火部》："炮，毛炙肉也。"字或作"炰"。段玉裁说："毛炙肉，谓肉不去毛炙之也。"不去毛如何炙？《礼记·内则》注说："炮者，以涂烧之为名也。"这里说的"涂烧"也就

說文解字弟十下　漢太尉祭酒許慎記

銀青光祿大夫守右散騎常侍上柱國東海縣開國子食邑五百户臣徐鉉等奉

敕校定

囟　在牆曰牖在屋曰囪象形凡囪之屬皆從囪　楚江切
或從穴
古文　囪亦聲倉紅切
多遽悤悤也從心

文二　重二

焱　火華也從三火凡焱之屬皆從焱　以冄切
焱　盛皃從焱在木上讀若詩莘莘征夫一曰役也所臻切

文二

熒　屋下燈燭之光從焱門户扃切

炙　炮肉也從肉在火上凡炙之屬皆從炙　之石切
膰　炙也從炙番聲春秋傳曰天子有事繇焉以饋同姓諸侯附表切　讀若膰燎力

爒　宗廟火孰肉從炙

文三　重一

照切
籀文

《说文解字·十下·炙部》"炙"，东汉许慎撰，藤花榭本是《礼运》注所说的"裹烧"。所谓"以涂烧为名",意思是"炮"从"包"得名,因其涂裹而为之也。这大约是将泥涂在外面而用火烤,熟热后,将泥剥下而把毛带下来。《说文·十上·火部》:"燔,爇(ruò)也。""燔"得名于"傅"。《诗经·大雅·生民》传说:"傅火曰燔。"这是一种将成块的肉一面一面平傅于火上翻烤的炙法,与"炮"法不相同。"燔"用来遗兄弟之国,所以不但要烤熟,还要烤干,以便保存得长久。而分言之的"炙",《礼运》注说"贯之火上",这大约类似于今天的烤羊肉串之类,而古代则常用于烤鱼,方法是把鱼从后背至腹串上,一面烤,一面把调好的汁刷在鱼上,这做法也和今天的烤羊肉串一样。炙鱼、炙肉,都是边烤边吃,不必保存的。《诗经》郑笺说:"鲜者毛炮之,柔者炙之,干者燔之。"正反映这三种炙法的区别。

说

炒

　　炒是现代烹饪的一种常用方法，将肉、蛋或菜放入热油内拌熟，都叫炒。尤其是家庭烹饪，几乎每餐都离不开炒菜。

　　但是，炒肉、炒蛋、炒菜，都是在近代才普及的菜肴，明代以前的菜谱中，炒法并不多，还不如汤、腌、脯、鲊来得普遍。细查上古的烹饪史，炒法不是用来做佐食菜肴的，而是用来加工粮食的。《方言》说："熬、煼（chǎo）、煎、備、巩，火干也。"火干就是用火来去掉谷物的水分。五种火干之名中，"煼"就是"炒"。连"炒"这个字形也是后出字，《说文》没有"炒"，也没有"煼"，只有"𩱏"字，《广韵》读"初爪切"，正是chǎo音，也写作"熻"，这是"炒"早期的异体字。陆游《老学庵笔记》说："故都李和熻栗，名闻四方。""熻栗"即今天的炒栗子。字也还作"熻"，不作"炒"。把谷物炒熟后，或整粒收藏，或磨碎拌食，倒是一种古代常用的粮食加工方法。现代藏蒙民族所食的糌（zān）粑，就是用这种方法来加工原料，还保留着古代的习惯。

炒粮食的时候，需要不断地搅拌，锅内发出哗啦哗啦的响声，所以，"炒"派生出一个"吵"字。声音喧哗叫"吵"。有意思的是，"炒"和"吵"字还常常通用，郑廷玉《忍字记》第一折："著他静悄悄，休要闹炒炒。"还将喧闹之声直写

北燕海岱之郊謂之晞

熬聚 即嚧字也 煎備皮力反 熯火乾也凡以火

而乾五穀之類自山而東齊楚以往謂之熬

關西隴冀以往謂之備秦晉之間或謂之聚

凡有汁而乾謂之煎東齊謂之𤑆手拱

胹 而餰莊 亨爛糝㸒酋囚酷孰也自關而西

秦晉之郊曰胹徐揚之間曰餰嵩嶽以南陳

潁之間曰亨自河以北趙魏之間火孰曰爛

《方言》第七，西汉扬雄撰，晋郭璞注，《四部丛刊》本为"炒"字呢! 可见古人习惯的炒是炒粮食, 对炒粮食时发出声响这个特点, 印象特别深。

今天的"炒"字在烹饪方法中已有很大发展, 除炒菜外, 还用在制茶上, 不是有一种绿毛茶叫作"炒青"吗? 那正是将嫩茶揉后放在锅里炒干的。

说蒸馏

　　"蒸"与"馏"都是中国古代熟食的饪法。"蒸"字本作"烝",与"登""升""乘""腾"同源,以"向上"为语源意义。《说文解字·火部》:"烝,火气上行也。"道出了"烝"的词义特点,也道出了蒸作为熟饪方法的特点。蒸,就是利用温度高的气流向上升腾的原理来熟物。"馏"是蒸的一种,《尔雅》注和《诗经》释文都说一蒸为饙（fēn），再蒸为馏。有人以为饙只得半熟，馏才达到全熟。这是古代造酒时对粮食的两种不同的处理。统称之，饙和馏都是蒸。"饙"字已不用于现代汉语，"馏"源于"流"。《说文解字·食部》："馏，饭气蒸也。"段玉裁根据《诗经》注改为"饭气流也"，为的是说明"馏"字的语源意义。

古代最原始的蒸法是用封闭的竹筒来熟鱼。《说文解字》："奠（zěng），置鱼筩（筒）中炙也。"记录了这种原始的熟食方法。这种蒸法也是利用上升的气流，但只是热空气，还不是水蒸气。直到发明了甑（zèng）与甗（yǎn），才成为汽蒸。甑和甗在新石器时代晚期已经产生，那时是陶器，以后有了青铜制品，更为精致。甑的底部有许多透蒸汽的孔格，放在鬲（lì）和鍑（fù）上，使鬲鍑中的水沸后的蒸汽通过孔格冲进甑里以熟食。鍑分上下部，中间有带孔的箅（bì）隔开，下部放水，沸而成汽，以熟上部的食物。《齐民要术》说：

"饎熟即举甗。"《方言》说:"甑,自关而东……或谓之酢馏。"都可以看出蒸、馏与甑的关系。今天用来蒸饭、蒸馒头和蒸肉的蒸锅、蒸笼、笼箅,都是由甑与甗发展来的。

蒸馏和烹煮,各有其特长。烹煮是把食物直接放在水里,而食物沉在锅底,各面上受热不均匀,如不翻搅,可能因为生熟程度不同而造成夹生。而蒸馏则是利用蒸汽熟食,盖上盖儿后,蒸汽充满器皿,食物各部位均匀受热,易熟易烂。所以,《齐民要术》称馏法为"均熟"。从熟食效果上,蒸馏比烹煮进了一大步。但烹煮在原料与佐料滋味的混合上又比蒸馏容易,有利于和味与留汁。在现代烹饪上,蒸馏与烹煮是各司其事的。而从蒸馏利用火气上行这一情况看,古人对气体温度越高越升腾而上,并且产生能量这一热学原理,早就发现并加以应用,不能不让我们感到中国人的聪明。

　　"蒸"与"馏"在现代汉语里，也都有发展，"蒸"除了音义沿用外，还发展出一个"腾"（读tēng，平声）字，是用火或汽把已熟的食物再加热。而"馏"（读liù，去声）则完全变为再蒸熟食的专称了。

　　在古代文献里，"烝烝"被解释为"上升貌"，成语"蒸蒸日上"，正是用热气升腾的炊爨情状来比喻生活兴旺与事业发达的。

说

鲊

中国古代的食谱中，常见一类食品，叫作"鲊"（zhǎ）。鲊是一种什么食品？《新华字典》说，是一种用盐和红曲腌的鱼。新《辞海》说，是经过加工的鱼类食品，比如腌鱼、糟鱼。这两个解释都不够确切，也没有说出鲊的做法的特点。

首先，鲊并不都是用鱼作原料。宋代江浙地方有一种用猪腿、羊腿捶锻而煮熟漉干的肉菜，叫作肉鲊。明代还有一种柳叶鲊，也是用肉和米粉一起腌制的。雀也可做鲊，绝非鱼类。蛏(chēng)也可做鲊，虽也是水产，但毕竟不能算鱼类。

其次，鲊这类食品的制作特点，在于制作过程中都需把原料压紧压实，以便去掉其中的水分，并且容易入味。明代高濂所撰的《遵生八笺》中，有专讲饮馔的几卷，其中有"脯鲊类"，此类中谈到的鲊类食品，制作时都需"布裹石压""压实加封""布内扭干"……总之，不论是采用石压(上面加石头压住)、扭压(放在布里用手绞扭)或封压(压实封在坛子里)，都得经压榨而去水分并入味，这才是这种食品的制作特点。"鲊"就是因这种特点而命名的。

《说文·二下·辵(chuò)部》有"迮"(zé)字，朱骏声当"迫"讲，"迫"就是"压"。《说文·五上·竹部》有"笮"(zé)字，是桷之上、瓦之下铺设的一层竹垫。段玉裁说："笮在上椽之下，下橡之上，迫居其间，故曰笮。"也就是说，笮是因为被压在中间而得名的。"连""笮"都从"乍"得声，是同源字，后出的"窄"字，也是由此派生的，因为压迫必使空间狭窄。还有"榨（搾）"，也是后出的派生词，直接用作"压榨（搾）"义。由此，我们便可知道，"鲊"和上述字都同源，也是因为需要压榨而命名。因为这类食品多半是鱼类，后代便以"鱼"为形符而造字。"鲊"常与"脯"作一类，它们都要去水分，便于贮藏，脯偏重在肉，多为晒干，鲊偏重在鱼，多为压干。通常见的四川榨菜，也是因压封而得名的。只不过它是蔬菜类，人们便以"木"为形符而写成"榨"字了。

说

脍

　　把肉剁成细末，拌以调和而烹食，中国古代叫作脍（kuài）。《说文解字》说："脍，细切肉也。"脍的语源大约来自"会合"之义。刘熙《释名》说："脍，会也。细切肉令散，分其赤白异切之，已乃会合和之也。"这个推源颇有道理。

　　上古制脍多用肉，《释名》有"细切猪、羊、马肉使如脍"的说法。它的制作，首先是把瘦肉和

也以塩米釀之如葅熟而食之也　腊乾昔也　脯

搏也乾燥相搏著也又曰脩脩縮也乾燥而縮也

脾迫也薄拯肉迫著物使燥也

散分其赤白異切之巳乃會合和之也　膾會也細切肉令

於火上也　脯炙以錫密豉汁淹之脯脯然也　炙炙也炙

炙於釜汁中和熟之也　腦衙也衙炙細炙肉和以　釜

薑椒塩豉巳乃以肉衙裹其表而炙之也　貊炙全

體炙之各自以刀割出於胡貊之爲也　膾細切猪

羊馬肉使如膾也　生脡以一分膾二分細切合和

挺攬之也　血脂以血作之增其酢豉之味使苦苦

《释名·释饮食》，东汉刘熙撰，《四部丛刊》本肥肉分开来切碎，然后再根据需要混合起来。这种切法，一则是由于瘦肉与肥肉质地不同，切碎的程度和切法都不完全相同；二则，肥与瘦的比例也要因季节、地域、烹法和人的口味以及生理卫生的要求而异。混合时要达到"和"的标准，也就是刚刚适宜。切脍是有一定程序的，据郑玄的《礼记注》说，"脍者必先轩之"，轩是大切，即粗切，也就是先切成肉丁；"复报（fù）切之则成脍"，"报"是"赴"的借字，当"疾速"讲，"报切"就是加快切的速度，也就是今天的剁了。肉切小剁细后，要加上佐料，佐料因季节而异，《礼记·内则》所说的"脍，春用葱，秋用芥"，就是说要配以不同的辛菜当佐料。在烹饪法上，脍的做法又分羹（水煮）、烝（干蒸）两种。干蒸有时放在竹筒里。上古时，这实在是很讲究的吃法了。

魏晋以来，中国的饮食文化中心转移到南方，使脍这种食物内容和形式都发生了很大的变化。

首先是原料的变化。吴地的脍，以鱼脍为主，因而孳乳出"鲙"（kuài）字，专门用来称鱼作的脍。鱼脍的佐料与所配的菜也有了很大改观。有关鱼脍的佳话很多：南人鱼脍，以细缕金橙拌之，号为"金齑（jī）玉鲙"。隋炀帝吃了吴郡进贡的鲈鱼脍后，赞叹说："金齑玉鲙，东南佳味也。"吴中又以鱼脍加菰（gū）菜为羹，鱼白如玉，菜黄若金，称为"金羹玉鲙"，一时被誉为珍食。这种美食，促成了"季鹰命驾便归"的有趣佚事。晋张翰字季鹰，原籍吴郡，他在洛阳做官时，秋风一起，思念起故乡的菰菜莼羹鲈鱼鲙，便立即弃官登程回到吴郡。美食的诱惑，乡情的依恋，竟有着如此巨大的吸引力！宋代的爱国词人辛弃疾对张翰的放任不羁不以为然，在他的《水龙吟·登建康赏心亭》里写下了"休说鲈鱼堪脍，尽西风、季鹰归未"的名句。辛弃疾的忧国忘家固然令人钦佩，而张季鹰重乡情轻仕宦的清高浪漫，也未尝不是中国知识分子的另一种可爱的风格吧!

鱼肉柔嫩不似肉脍要先粗切再剁碎,而只是切成丝。清代朱彝尊作《食宪鸿秘》,搜集了很多浙江菜,提到鲈鱼脍的制作时说:"吴郡八九月霜下时,收鲈三尺以下,劈作鲙,水浸布包,沥水尽,散置盆内。取香柔花叶相间细切,和脍拌匀。霜鲈肉白如雪,且不作腥,谓之'金齑玉鲙,东南佳味'。"这里所说的"劈作脍",应是依鱼的肉理切成丝。这在古代是有文可考的。潘岳的《西征赋》说:"华鲂(fáng)跃鳞,素鲟(xù)杨鬐(qí),饔人缕切,鸾刀若飞。"是以"缕切"制脍。而傅毅的《七激》说得更清楚:"涔养之鱼,脍其鲤鲂,分毫之割,纤如发芒……""发芒"是指鱼肉的自然纤维。耶律楚材的诗有"丝丝鱼脍明如玉,屑屑鸡生烂似泥"之说。从这些都可以看出,鱼脍是以丝的纤细为佳的。

肉脍与鱼脍之外,还需要说一说蛇脍。《齐谐记》记载了这样一个故事：江南有个叫麻治的人，喜欢食脍。江北华本是麻治的朋友。有一次，华本抓了一条大蛇，请麻治来吃脍。他把蛇脍给麻治吃，自己另做鱼脍吃。麻治吃蛇脍，异常鲜美，便问华本是什么鱼做的。华本喝醉了酒，叫人把剩下的蛇肉拿出来给麻治看。麻治看了，呕吐不已，直至吐血而死。这大约是江浙一带的故事，那里的人们不习惯于吃蛇。其实，粤菜中的蛇脍味极鲜美，称为佳肴，食者万千，绝不会有人因食蛇脍吐血而死的！

说
鼎

　　鼎是中国古代最重要的烹饪器之一。从出土的文物看，它是陶或青铜制品，一般的形状是圆体、大腹、两耳对立于口上，或附于体侧。腹下有三足，因而有"三足鼎立"这一成语。周代的鼎分为镬鼎、升鼎和羞鼎三大类。在祭祀时，各司其职。镬鼎是煮肉器，形体很大。三足架空，下面好架柴点火，两耳用一种称作铉（xuàn）的铜钩穿上扃（jiōng，横杠）抬举。两汉以后，镬鼎因灶的使用而变得无足，这就是后来的釜。升鼎与羞鼎是供器，肉煮好后，把镬鼎中的肉用匕取出，放到升鼎中，作为供品。把加放佐料的汤汁，放到羞鼎中，与升鼎相配。所以升鼎又叫正鼎，羞鼎又叫陪鼎。

周代的祭祀是用鼎数与牲肉的种类来标示等级的。因此，用鼎是一种重要的祀制：天子九鼎，诸侯七鼎，牛、羊、豕三牲俱全，称作大（tài）牢；卿与上大夫五鼎，不用牛，只用羊、豕，称作少牢；元士三鼎，就只用豕了。以上所说的鼎数是升鼎数，所配的羞鼎也有规定：九鼎、七鼎配羞鼎三，五鼎配羞鼎二，三鼎、特鼎（一鼎）配羞鼎一。鼎在祭祀时作等级的标志，就使它在器皿中的地位非同寻常。所以《说文》说："鼎，三足两耳，和五味之宝器也。"古代用鼎作为传国的宝器，并常把有关的铭文铸在上面。《礼记·祭统》："夫鼎有

铭……铭者,论撰其先祖之有德善、功烈、勋劳、
庆赏、声名,列于天下,而酌之祭器,自成其名焉,
以祀其先祖者也。"

甲骨文"鼎"字写作🍳,极像鼎三足两耳之
状,后来才慢慢发展成"鼎"形。由于鼎在传国
继承中的政治作用,人们对它是烹饪器反而不
大在意了。在汉字中,用来表示烹饪的形符往
往用"鬲"。《说文解字》中有两个形符直接或
间接由"鬲"充当,一是"鬲",一是"鬻",它们
分别标示烹饪器、烹饪行为与烹煮物的类别。很
多我们熟悉的字,大小篆里,本字都从"鬲"或
"鬻"。如:

锅 釜 甗

甑 融 沸

粥 羹 糊

炒 煮 涥

这两种形符,特别是后一种,形体过于繁难,不便

写，到隶书、楷书阶段，已被淘汰，代之以其他有关形符。但从小篆字系，还可以看出鬲这种鼎在古代烹煮食物中的重要作用。这里特别要说一说"鬻"字。现代北京话把开锅后水从锅里溢出来叫pū，这个词至今没有一个规范的写法，一般写成"浡"或"哱"，其实，这个词在《说文解字》里就有从"鬻"的本字，即上面的"鬻"。

鬲是镬鼎的一种，圆腹，侈口。商初带耳，周代的鬲厚唇短足，足内空，称"款足"，耳附出。春秋时的鬲就没有耳了。这种烹煮器后来多用来煮粥糜，这一点，从它所造的字中就可以看出了。《说文解字》说它"鼎属，实五𣪊，斗二升曰𣪊"。可见它也可以充当标准量器，而主要与粮米发生关系。

鼎是烹煮器之母，后来的煮器，都是由它加工改造演变而成的。

碗
与
盘

　　碗和盘都是今天常用的食具。这两种食具自古有之。推究它们命名的由来，便知两种食具不同的特点。

　　《说文》称"盂"（yú）为"饭器"，"盌"（wǎn）为"小盂"，当然也是饭器。"盌"就是"碗"的古字，它是用来装饭的。"盌"与"碗"来源于"宛"。古代称中央低而四方高的丘陵地形为"宛丘",这种山丘的形状酷似饭碗,以凹曲而名。"宛"声之字大多有"屈曲"义。《文选·东都赋》:"马踠(wǎn)余足。"李善注:"踠,屈也。"《文选·琴赋》:"蜿蟺(wǎn shàn)相纠。"注:"蜿蟺,展转也。"音声回转多称"婉转",语言纡回委曲称"委婉",《周礼》有"琬(wǎn)圭",形屈曲。"踠""蜿""婉""琬"都与"碗"同源,都以屈曲为词义特点。"凹曲"义引申为"蕴积"。《素问·生气通天论》:"大怒则形气绝而血菀(yùn)于上。"注:"菀,积也。"《诗经·小雅·都人士》:"我心菀结。"郑笺:"菀犹结也,积也。"足见"菀"也与"碗"同源。碗形中央凹下,有容积,可装饭,这种食具的特点由它的一系列同源字中显示无余。

盘则不同。它的繁体字作"槃""鎜""盤",字从"般"。"般"从"舟"。《周礼·春官·司尊彝》说,尊和彝都是祭器,它们下面有一个圆形的承器，叫作舟。郑司农说，舟就像汉朝的承盘。可见周代称"舟"，汉代称"盘"，名有异而用为一。

"般"字从"舟"之意，《说文》说得很清楚："般，辟也。象舟之旋，从舟从殳（shū），殳所以旋也。"舟是承盘，圆形，可以旋转。"般辟"就是"盘旋"，因而取"舟"会意。后来舟船的"舟"，也是因为它能在水中自由盘旋而得与承盘之"舟"同名。这是"盘"后来的字形来源。最早的"盘"字完全象形，作，是一个带耳的立起来的盘子。这就是后代的"凡"字。以后"凡"借作了虚词，才有了"槃""鎜""盤"字。"盘"字的特点是圆转，与"碗"的凹曲是不相同的。这是因为，最早的盘子是承盘，它的作用是承垫其他器皿，本身不直接装纳食物，所以扁浅，与碗的特点相较，便突出了碗的深凹。现代的盘子还有一部分保持承盘的作用，另一部分已经直接装菜肴，变为常用食具了。

说饮器

中国古代社会的饮食文化中,酒,是它极富特色的一种标志,而酒器中的饮器所赋予这种文化的绚丽色彩,绝不亚于酒本身。

饮器在中国古代社会生活中的作用,不仅仅在于它是饮酒的盛具,细论起来,它起码有以下三种具有重大意义的作用。

第一,是它的礼仪作用。饮器同时也是礼器,古代祭祀、朝见、享宴、迎宾以至家居饮食，都要饮酒，不同的场合，都对饮器有明确的规定。《礼记·明堂位》记载，夏、商、周三代天子祭天祭祖时所用的饮器有："夏后氏以琖（zhǎn），殷以斝（jiǎ），周以爵。"又有勺："夏后氏以龙勺，殷以疏勺，周以蒲勺。"这些礼器都有明确的礼制规定，装饰是不同的。例如龙勺，柄长二尺四寸，士大夫漆赤色，诸侯以白金饰，天子以黄金饰，以此表示森严的等级制度。饮酒器一向用来排列官位高低，所以，爵是饮器之名，引申为位次之称，才有了"官爵""爵位"这些双音词的合成。

第二，是它的节量作用。《论语·乡党篇》有"唯酒无量，不及乱"的说法，指的是饮酒不能超过自己的酒量，要以不醉为度。因此，上古的酒器都有严格的容积规定。《五经异义·爵制篇》引《韩诗》："一升曰爵，二升曰觚（gū），三升曰觯（zhì），四升曰角，五升曰散。总名曰爵，其实曰觥。"周代的士礼规定，宾主对饮，应当遵守献酬之礼。献是敬酒，用爵，爵量是一升；酬是答酒，用觯，觯量是三升，故而周礼有"一献而三酬"之说，宾主都需饮够四升。古代四升为一豆，因此《周礼·梓人》才说："食一豆肉，饮一豆酒，中人之食也。"这就是说，士大夫要以一爵一觯共四升为基本的饮酒量。《易经》有"君子节饮食"之说。《说文解字·卮部》："卮，圜器也，一名觛（dàn），所以节饮食。"饮酒要自节其量，全靠饮器的容量大小来限制。

第三，是它的审美助饮作用。中国的饮器最早用牛角制作，所以饮器名大多以"角"为形旁制字，"觚""觚""觯""觥""觥"等字都从"角"。以后也有用木制的，所以，"尊"的后出字作"樽"，"斗"的后出字作"枓"，也都是酒器。后代的饮器便日趋华丽，碧玉、琉璃、琥珀、翡翠、玛瑙等都有制成酒杯的。酒杯上雕琢出鹦鹉、鸳鸯、莲荷、霞文等更具艺术特色的形状，历代都不乏见。金樽美酒，杯助酒兴，是历代诗人着力追求的人间仙境。且看杜甫的《鹦鹉杯诗》："雕琢形仪似陇禽，绿杨影里可分斟。坐间恨不能言语，说我平生酒量深。"钱起的《玛瑙杯歌》："含华炳丽金尊侧，翠琾琼觞忽无色。繁弦急管催献酬，倏若飞空生羽翼。"都把那酒杯说得活生生的。

认真想想，饮器的三大作用，哪一个不是极端重要，在中国的饮食文化史里，怎能不给它一个重要的位置？

中国古代饮器的名称来源，更是一个值得研究的问题。上古饮器的名称，大约有两个系统。一个是礼器的系统。这就是爵、觚、觯、角、散、觥。爵既是饮器的总名，又是能容一升酒的饮器别名。它的词源来自雀，甲骨文"爵"字画的是一个雀头，圆形，有嘴，颈毛像爵的足。觚、觯、角、散都是爵的一种，只是所容的升数不同。传说它们的命名都与礼的节制意义有关。觚是容量较小的饮器,得名于"寡",意思是告诫人们"饮当寡少"。春秋时代,周的礼制失去作用,孔丘认为它的名实已不统一,所以发出了"觚不觚!觚哉!觚哉!"(《论语·雍也》)的悲叹。"觯"音zhì,古人认为它得名于"适",取"饮当自适"的意思。至于"角"和"散",都是容量比较大的饮器,旧说"角"与"触"同源,取义"不能自适,触罪过也";"散"与"讪"(shàn)同源,取义"饮不自节,为人谤讪也"。其说都无证据,不能作为科学的词源,只能看作人们利用饮器的谐音字对"饮酒要节制"这一道理的通俗解说。"觯"是对装满酒的饮器的通称,所以《说文解字》说:"实曰觯,虚曰觯。"饮器的这一名称系统,与礼制密切相关,流行于贵族宫廷,以后大多用于书面语了。

另一名称系统来自口语。由于方言的缘故,非常纷繁复杂,这里只取盏、盏、盃(杯)三个词来略加说明。

《方言》："盇（yǎ），杯也。"字常写作"雅"。曹丕《典论》说："刘表有酒爵三：大曰伯雅，容七升；次曰仲雅，容六升；小曰季雅，容五升。"从此，"三雅"便成为酒的代称。于志宁诗说："俱裁七步咏，共倾三雅杯。"便是以曹植的七步《豆萁》诗与刘表的伯仲季三雅酒爵对言，把诗与酒联系在一起。"盇"在今天口语里还留有痕迹，俗说酒量大为"雅量"，本字应写"盇"，就是从三雅（盇）杯的典故来的。

"盏"字本作"醆"，原是夏代酒杯的名字。可见词比较古，后来被口语吸收。《方言》："盏，杯也。"盏是一种小酒杯。"盏"字与"笺"（薄纸）、"浅"（小水）、"栈"（简易木车）、"钱"（小片金属以为货币）等字同源，都含有简易而微小的特点。盏常与杯并称。李清照词"三杯两盏淡酒"，就以"杯"与"盏"互用。后来才有了"杯盏"的合成词。

"杯"是饮器的通称,它的词源是"不"。在甲骨文里,"不"画的是花托。否定词"不"已是假借字。杯子正因为很像上圆下尖成锥形的花托而得名。"杯"是饮器的通称,所以常用来指代酒。俗称酒为"杯中物",称嗜酒为"贪杯",酒宴完毕称"杯盘狼藉",都可见"杯"与"酒"难分难解的缘分。

葡萄美酒,当以夜光杯而助兴;无瑕美玉,常为明月盏而称雅,中国的饮食美学,的确堪称世界之最!

粮糇饭

　　粮、糇、饭都是古代制熟后的主食，它们的原料又都是黍（小米）、稷（高粱）、稻（大米）、麦（小麦）之类，而且，它们都不是专供祭祀的，什么人都能吃，因此，可算作同类物；但这三个词在古代又是各有内涵的名称。

　　"粮"又写作"糧"，后来出现"粻"（zhāng）字，与"糧"同义，专指旅途中食用的熟食,这种路粮古代也称"糒"(bèi)。《周礼·廪人》有"治其粮与其食"之说,注:"行道曰粮,谓糒也;止居曰食,谓米也。"可见粮所指的范围比较狭小。孔子在陈绝粮,是说他在周游列国的路途中带的储备粮吃完了。古代使者出远门要带资粮,路过的友好国家作为东道主要给使者补充资粮——资是路上的用度,粮是路上的食物。

出门在外,最常带的粮是糗(qiǔ)。糗是炒熟的粮食,有的是成粒的,也有炒完后磨成粉的。《孟子》赵岐注说:"糗饭,干糒也。"干指炒干,糒是路粮。《公羊传·昭公二十五年》记载:鲁昭公失国出走,齐国的国君在野井慰问他,齐国的高子执箪食与四脡脯,国子执壶浆,对鲁昭公说:"我们的国君听说您在外,早晚的伙食还没有着落,所以送一点糗粮来给您的随从。"脡脯是晒干的肉,糗是炒干的粮,都是路上吃的。说给随从,是客气话,不好意思直说给国君,只说是给随从的。

饭与糗不同，是蒸熟的。《春秋运斗枢》说："粟五变：以阳化生而为苗，秀为禾，三变而粲谓之粟，四变入臼米出甲，五变而蒸饭可食。"这里的粟即细粒米。种子种下去，出土而变成苗，苗抽穗灌浆称作禾，舂成粗米称粟，再脱皮变为米，蒸熟了即是饭。可见饭是米粮加工的最后一道工序。中国吃饭的历史很早，《周书》记载："黄帝始蒸谷为饭。"

"饭"字的含义有个演变过程。最早"饭"既可作动词用，又可作名词用。《论语》"饭疏食饮水"，"侍食于君，君祭，先饭"，"饭疏食，没齿无怨言"……都当"吃饭"讲，是动词。作名词的也很多，《九章算术》所说的"粝饭""稗饭""糳（zuò）饭""御饭"，都当"饭食"讲，是名词。魏晋时代，经师们想把动词和名词分开，将名词的"饭"写作"飰"。隋唐时代又写作"餰"。

"餠"字常被讹作"饼"字，人们对这个字不习惯。之后，"饭"的动词义消逝了，只剩了名词义，"飰""餠"就更无法流行了。在现代汉语普通话里，"饭"有两个内涵：一个泛指一日三餐，不论原料和做法；另一个只指蒸、煮熟的稻米饭，与面食相对。但在有些方言，例如河南方言里，面条也称"饭"，稻米饭则不得不在前面加上"米"字。

"饭"的这些词义与字形的演变历史，其中包含着很多语言文字学知识，也包含着很多烹饪史的知识，是我们不可不深究的。

粥与羹

　　"粥"字从"米"，"羹"字从"羊"，它们的区别在于：粥在古代的主要原料是米，而羹的主要原料却是肉。宋代陶谷的《清异录》记载：后唐魏王李继岌荐羹时把羊肉、兔肉、猪肉切碎掺着入料。当时卢澄为平章事（主管宫廷内务的相），清晨上朝，堂厨备一些稀粥作早餐。有粟粥、乳粥、豆沙加糖粥，卢澄每次各取少许掺着喝。于是，厨官们便据此二事作了一副对联:"王羹亥卯未,相粥白玄黄。"对子作得极巧——亥猪、卯兔、未羊,以地支代牲畜;乳白、粟黄、豆沙黑赤,以颜色代粥料。这说明,粥需用米而羹则必肉。

粥是一种简食,贫贱时常食,居丧时以食粥为礼。《礼记》记载曾子的话:"哭泣之哀,齐(zī)斩之情,馆(zhān)粥之食,自天子达。"这里还有一个有趣的故事:春秋时鲁悼公去世,鲁国居丧。季昭子到孟敬子那儿去问他:为君上服丧期间,咱们吃什么?孟敬子说:当然吃粥。这是天下通行的礼节。季昭子说:咱们孟、仲、季三家,跟君上早就闹翻了,这事儿谁不知道啊?让我勉强执君臣之礼在居丧时吃粥,我不是办不到,可这不是让人家说咱们这一套全是假惺惺,没什么真感情吗?我可不愿招这档闲话,我还是吃我平时带肉的伙食吧!这个故事说明,粥是没有肉的。

羹可是得有肉。《左传·隐公元年》记载"郑伯克段于鄢"事，郑庄公赐给颍谷封人颍考叔一些吃的，颍考叔把别的吃了，却收起来一块肉。郑庄公问他为什么把肉留下不吃，他说："小人有母，皆尝小人之食矣，未尝君之羹，请以遗（wèi）之。"可见羹是离不开肉的。不过，古代的肉羹里也放一点菜，所谓"牛藿（huò），羊苦，豕薇"，叫作"芼"（máo），但这是中和肉性和调味的，不是主原料。什么菜也不放的纯肉汁叫"大（tài）羹"。《左传》说："大羹不致……昭其俭也。"可见大羹是一种豪华的食物。除了用肉之外，羹还可用豆。《急就篇》："饼饵麦饭甘豆羹。"颜师古注："以小豆为羹，不以醢酢，其味纯甘，故云甘豆羹也。"晋代张翰作《豆羹赋》，说到羹，用豆菽而不用肉。这恐怕是羹必有肉的一种例外。

现代的粥与羹的概念，虽和古代有些不同，但根源还得从古代去找。称"羹"的，绝大部分是肉食，而且堪称佳肴：鱼羹、肉羹之外，广东的蛇羹

至于廪延

子封曰：可矣，厚将得众。

公曰：不义不暱，厚将崩。

大叔完聚，缮甲兵，具卒乘，将袭郑，夫人将启之。

公闻其期，曰：可矣！

命子封帅车二百乘以伐京。

京叛大叔段，段入于鄢，公伐诸鄢。

五月辛丑，大叔出奔共。

书曰：郑伯克段于鄢。段不弟，故不言弟；如二君，故曰克；称郑伯，讥失教也，谓之郑志。不言出奔，难之也。

遂置姜氏于城颍，而誓之曰：不及黄泉，无相见也。既而悔之。

颍考叔为颍谷封人，闻之，有献于公。公赐之食。食舍肉。公问之。对曰：小人有母，皆尝小人之食矣，未尝君之羹，请以遗之。

《左传·隐公元年》，晋杜预注，唐孔颖达疏，《四部丛刊·十三经注疏》本

更为名贵。而以豆作羹也尚有遗风：北京的栗羊
羹不就是炒干的豆沙羹吗？而潮州的山芋白果羹，
怕更近古代的甘豆羹呢！粥呢，总的说还是不登
大雅的食品，虽然《红楼梦》里贾母和贾宝玉都喝
粥，但也不过是家常饭。闽粤一带的生鱼片粥曾
是渔民的主食。尽管也有燕窝粥和莲子粥，那只是
借粥而为药膳，算是贫富之间的一点交流。今天
四五十岁以上的人提起粥来，恐怕印象更深的是
玉米面粥、高粱米粥，甚至抗日战争沦陷区的橡面
粥，生活困难时的野菜粥。平时贫家的粥，是含着
辛酸、伴着忧愁喝进去的，人们对粥的感情，恐怕
也和古代以粥为简食差不太多呢！

说汤饼

　　饼是我国古代面食的总称，面食而带汤的，统称汤饼。汤饼包括今天的面条、面片儿、饺子、馄饨和汤圆。

　　面条又叫索饼。北魏贾思勰《齐民要术》记载，有一种面食做法是"水引，挼（ruó）如箸大，一尺一断，盘中盛水浸。宜以手临铛上，挼令薄如韭叶，逐沸煮"，《伤寒论》说"食以索饼"，这就是面条。《清异录》曾记载金陵士大夫家"湿面可穿结带",也说的是面条。面条因为长而细,又长又瘦,谐"长寿"音,所以历来在生日时专食。《新唐书·王皇后传》说:"独不念阿忠脱紫半臂易斗面,为生日汤饼邪?"宋楼钥《北行日录》说:"乾道五年十一月十五日,生朝作汤饼。"元张翥《最高楼·寿仇先生》说:"愿年年,汤饼会,乐情亲。"《水调歌头·自寿》说:"腊毵开红玉,汤饼煮银丝。"据《大明会典》,正统间皇太后寿诞有寿面,宣德间东宫千秋节有寿面。这些都足以证明唐宋以来便有吃面条祝寿的习俗。

面条之外,面片儿也称汤饼。晋束皙《饼赋》说:"面弥离于指端,手萦回而交错。"正是西北、山西一带揪面片儿的情状。面片儿又称馎饦(bó tuō),做法不一,有用两手揪的,也有用一手拈薄的,犹今北京所谓的"猫耳朵"。《齐民要术》说"饼法":"馎饦,挼如大指许,二寸一断,著水

盆中浸，宜以手向盆旁，挼使极薄，皆急火逐沸熟
煮。"这就是面片儿。

另一种汤饼即馄饨。《一切经音义》引《广
雅》："馄饨，饼也。"《类篇》引《博雅》也说：
"腮肫，饼也。"《武林旧事》说："冬至……享先
则以馄饨。"《剑南诗》自注也说："乡俗……岁日
必用汤饼，谓之冬馄饨，年馎饦。"可见馄饨是专
门在冬天吃的。薄皮、肉馅，与无馅的面条、面片
儿不同。也有称饺子为馄饨的。颜之推说："今之
馄饨，形如偃月，天下通食也。"这种馄饨似是今
天的饺子。

北宋《苏轼集》中提到一种食物叫"牢九"，许
多人不知是什么东西。《老学丛谈》说："牢九者，牢
丸也。即蒸饼。宋讳丸字，去一点，相承已久。"牢
丸即是汤圆，取其封合牢而呈丸状之意。宋避靖
康之耻，不愿说"完"之音，所以"丸"省一点，后
人不知，以为"九"字。

　　面条、面片儿、馄饨、饺子、汤圆都是水煮带汤的面食，统称汤饼。可以看出，起码是南北朝时期，中国的面食已有多种做法，蒸、煮、烤、烙均有之。这里只举煮食者，亦可见我国之烹饪，不但菜肴丰富，主食也是花样繁多的。

说点心

　　我国的习惯，以午餐、晚餐为正餐，早餐叫早点，即点心。下午三四点加一些小吃也叫点心。以后发展到正餐的正菜之余点缀的甜羹和炸面果等食品也叫点心。

　　"点心"之称，唐代已经有了。南宋吴曾撰的《能改斋漫录》记载了唐代的一个故事："郑傪为江淮留后，家人备夫人晨馔，夫人顾其弟曰：'治妆未毕，我未及餐，尔且可点心。'其弟举瓯已罄。俄而女仆请饭库钥匙备夫人点心。俢诟曰：'适已给了，何得又请？'"这里的"点心"明显指早餐。宋代庄季裕的笔记《鸡肋编》记载："楚州有卖鱼人姓孙，颇前知人灾福，时呼'孙卖鱼'。宣和间上皇闻之，召至京师，馆于宝箓宫道院。一日怀蒸饼一枚坐一小殿中，已而上皇驾至……上觉微馁，孙见之，即出怀中蒸饼云：'可以点心。'"王明清的《挥麈录》也记载童贯对贾说说："匆匆竟未能小款，翌早朝退无它，幸见过点心而已。"这两处的"点心"，都是指两正餐之间随便吃点东西垫饥。值得注意的是，《鸡肋编》以"点心"用作动词，《挥麈录》则用作名词。"点心"大概是由动宾词组发展成的双音节名词。北京话里，"点心"可以重叠成"点点心"，也证明它原来是动词。

把专门制成的小面食称点心，始于宋代。周密的《癸辛杂识 (zhì)》记载宋孝宗对赵汝愚说：

"闻卿健啖，朕欲作小点心相请。"这就是今天糕饼称点心的来源。

"点心"这个名称，给我们很大的启发。烹饪有两个主要任务：一个是果腹，一个是品味。早期的熟食是以果腹为主，品味在其次。随着人类物质生活的充裕和精神文明的发达，果腹渐渐变成一种低要求，而品味则成了高标准。果腹是生存手段，品味是感官享受，而由腹由口至于心，把烹饪的目的又提高了一步。所谓"点心"，只在心中微微一点，量愈少，质愈精，做法更为繁多，实在是烹饪在正餐之外的又一发展呢！

说腊脯

　　从储备的需要出发，把野味和家畜肉制成干，叫作"脯"，脯和蒸、煎、烹、炙一样，都是肉食制作的常用方法。

　　脯法在我国早已有之，记载最详细的早期文献是《周礼·天官·腊人》："腊人掌干肉，凡田兽之脯腊膴（hū）胖之事。凡祭祀，共豆脯，荐脯膴胖凡腊物。宾客、丧纪，共其脯腊，凡干肉之事。"——可以看出，脯腊关系到自己食用，祭祀丧葬，以及接待宾客。礼学家对脯物的名称区分很细。大体可分四种：

一是干肉。这是把大的兽或畜肆解后，大块做成干肉。这种大块干肉，祭祀时是盛在一种青铜礼器俎里的。

二是腊。这是把小的禽兽，如雉、兔等整个风干做成干肉。古代冬季十二月有一种祭祀，是用腊肉作祭品，所以称作腊祭，十二月叫"腊月"，十二月初八日称"腊八"，都是由这种腊祭得名的。

三是脯。脯是把肉去骨切薄片再制成干肉，祭祀时不放在俎里，而放在笾里。笾（biān）是一种竹制的祭器，比俎小。

四是脩。脩是把肉片薄后加上姜桂等佐料，锻锤使肉紧实。孔夫子让学生交束脩，就是这种干肉。

这四种干肉，笼统说来，都叫干肉。礼学家们所以把它们分得这么细，主要因为它们在祭祀中放置和作用不尽相同，祭祀是奴隶制时代的一件大事，一些也马虎不得的。

腊、脯、脩各具其名，推究它们命名的由来，"腊"字大约来源于"猎"字。《风俗通》说："腊者，猎也。"段玉裁说："猎以祭，故其祀从肉。"腊祭在冬至后三戌，用腊肉祭百神，因其以冬天的猎获物做成干肉来祭祀，所以制成的干肉就叫腊，"腊"是"昔"的后出字，"昔"字上象肉状，下以日晒之，正是腊肉的古字。后来才又加了肉旁。"脯"字与"薄""迫""搏"等字同源。取薄片之义。《说文》："脯，薄脯，膊之屋上。"段玉裁注："'膊之屋上'当作'薄之屋上'。薄，迫也。"《左传》说龙人囚卢薄就魁，"杀而脯诸城上"。"膊"与"脯"义亦通。"脩"与"條"（小枝）、"修"（长）、"筱"（xiǎo，细竹）、"滫"（xiǔ，溲）等词同源，这些词或有"长"义，或有"久"义，可以看

米飯為糝以茱萸子白鹽調和布置一如魚

鮓法糝欲倍多泥封置日中一月熟蒜虀薑酢

任意所便脏之尤美灸之珍好

脯臘第七十五

作五味脯法正月二月九月十月為佳用牛

羊麞鹿野豬家豬肉或作條或作片罷凡破肉皆順理

斜斷不用各自別擿牛羊骨令碎熟煮取汁掠去別以冷水淘去塵穢

浮沫停之使清取香美豉用骨汁煮

鼓色足味調漉去滓待下鹽達口而已細切蔥

白搗令熟椒薑橘皮皆末之量多少以浸脯手

《齐民要术》"脯腊",北魏贾思勰撰,《四部丛刊》本出，"脩"是因形长时久而得名。由其命名来源，可知其各自的特点。"脯腊"合称，统言之耳！

据礼学家说，干肉有两种：一种生干，一种熟干。脯是熟干。熟法有先煮后晾和用火炙干两种。《齐民要术》有"脯腊"一节，说的是把牛、羊、獐鹿、野猪、家猪做成肉脯的方法。做脯的程序是：把肉切成条或片儿，将骨头敲碎，流出骨髓，与肉一起煮。去浮沫，漉渣滓，略加盐豉——适口而已，不可太咸。把葱白捣碎，椒姜橘皮砸成末，与骨液混在一起，把煮过的肉泡在这种佐料中。隔三天三夜，取出后用细绳穿成串，晾在屋北檐下阴干，而且不断以手捏搓，使肉紧实。肉干制成后，用纸袋套上收藏。这大体是熟干作脯的程序。今天所吃的牛肉干、腊肉、咸肉等等，都是古代脯法的继承呢！

说醍醐

　　有一种止渴生津的饮料，叫做醍醐（tí hú）汤。这种饮料主原料是乌梅和蜜，外加少许白檀末和麝香。这种汤为什么名为醍醐汤？有人说，是因为它特别精美，像醍醐，而醍醐是牛奶中的最精提炼物。这个说法似乎不很有道理。

　　醍醐确为牛奶的精制品，所以佛教用来比喻最上至极之正法。《涅槃经·圣行品》说："善男子譬如从牛出乳，从乳出酪，从酪出生酥，从生酥出熟酥，从熟酥出醍醐，醍醐最上。"《本草纲目》"醍醐"下引寇宗奭说："作酪时，上一重凝者为酥，酥上如油者为醍醐，熬之即出。"这样最精的提炼，是不可多得的，所以常用来比喻人品之粹美。《新唐书·穆宁传》记载穆宁四子赞、质、员、赏，"兄弟皆和粹，世以珍味目之：赞少俗，然有格，为酪；质美而多入，为酥；员为醍醐；赏为乳腐"，可见醍醐在人们心目中至高至美至稀至精的程度。但醍醐汤只不过是乌梅加蜜，既谈不到最精提炼，用的又不是最佳原料。名"醍醐"之由，显然不是从它精美的价值说的。要想弄清这一点，需要考察醍醐的内部性能与外部体征。

醍醐在药用上的最大性能是凉。主治热恼乱心，涂抹可去热疮。佛教有"醍醐灌顶"之说，以喻将此清凉之剂输入人脑，可消烦恼，得冷静。所以顾况《行路难》说："岂知灌顶有醍醐，能使清凉头不热。"而崔珏《道林寺》诗说:"我吟杜诗清入骨,灌顶何必须醍醐。"这都说明了醍醐的凉性。凉便使人舒适,"醍醐灌顶"又引申为令人舒适之义。

醍醐的第二个特性是滑。陈藏器说,醍醐"性滑,物盛皆透,惟鸡子壳及壶芦盛之乃不出"。可见它因质地细腻,便滑润之极。

醍醐的颜色呈丹黄。陶弘景的《本草集解》说它"色黄白",不确,实为红黄色。这要从"醍"的字源说起。"醍"是由"缇"发展来的。缇(tí)原是一种丹黄色的丝织品。以后,字被用作酒名。《周礼》酒正之官是掌握酒齐(配酒的方剂)的,"四曰缇齐",郑注:"成而红赤,如今下酒矣。"《释名》说:"缇齐,色赤如缇也。"都说明这种饮料色呈丹赤,微带黄色。以后,"缇"用于酒,专写作"醍",《礼记·礼运》已有"醍"字。"醍醐"正是因色似缇酒而得名的。因为它已不是酒,所以也有写成"餲餬"或"飪餬"的。文字分化，物类有别，而名源则一。

弄清醍醐这三个特点，再来考究醍醐汤因何命名，就很清楚了。醍醐汤以乌梅和蜜为主原料，做法是：将乌梅先熬好，澄清，再加上碙砂和蜜，在砂石器内熬，以赤色为度。冷定后再加白檀、麝香。乌梅汤本是深褐色，因为事先澄清，又有碙砂同煮，所以色赤黄，正如醍醐之色。而因加入蜜，则性滑。乌梅、白檀、麝香均为凉性，所以此汤清凉，可以止渴生津，是解暑的好饮料，食性也如醍醐。可见，名为醍醐汤，不在其至精至美之价值，而在其凉、滑与赤黄色类似醍醐。食物的命名，很少以笼统的价值论，而多以其性、状、味而论，命名多有比喻夸张。譬如裹糯米的肉丸名以"珍珠丸子"，素炒油菜心名以"翡翠条"等等，不但色、香、味、形皆是艺术，名也是一种艺术。烹饪不但是味觉、视觉、嗅觉的享受，连听觉也可得享受呢！

说

醉

　　酒与中国文化关系至为密切，不论是帝王、贵族还是平民百姓，文人还是武士，鸿儒还是白丁，圣贤还是恶棍，能见于中国古代典籍的，很少有完全与饮酒无涉的。因此，自古以来，人们对饮酒的生理卫生，也颇有一番研究。

　　每个人的体质对酒的接受能力不同，因此便有"酒量"之说。酒量，每个人不同，所以《论语·乡党》说"唯酒无量";甚至同一个人在不同的情绪下酒量也有变化,因此又有"酒兴"之说。《史记》记载:齐威王问淳于髡(kūn)能饮多少酒,淳于髡说:"臣饮一斗亦醉,一石亦醉。"威王问他为什么,他说:"赐酒大王之前,执法在傍,御史在后,髡恐惧俯伏而饮,不过一斗径醉矣……日暮酒阑,合尊促坐,男女同席,履舄交错,杯盘狼藉,堂上烛灭,主人留髡而送客,罗襦襟解,微闻芗(xiāng)泽,当此之时,髡心最欢,能饮一石。"——这是一个很典型的故事,它说明,饮酒无量,因人而异,因兴而异。

但《论语》在"唯酒无量"之后还有半句很重要的话,叫作"不及乱"。这使我们明白,"无量"是对整个社会饮酒人总体而言,对每个饮酒的个人,则是"有量"的,这个量,应限制在"不及乱"上。"不及乱"的下限就是"醉"。《说文解字·十四下·酉部》:"醉,卒也。卒其度量不至于乱也。"——"卒"是"终了""终结",醉就是每个人所适应的酒量的终极,也就是每个人饮酒达到"不及乱"的生理极限。《说文解字》解释了"醉"字从"卒"的造字意图,也解释了酒醉的确切含义。

中国古代爱饮酒的人追求的是一个醉,"有饮辄醉","一醉方休",醉是一种诗境、美境。《醉仙图记》说:"凡醉有所宜:醉花宜昼,袭其光也;醉雪宜夜,消其洁也;醉楼宜暑,资其清也;醉水宜秋,泛其爽也。"——这实在是于身心绝美的境界。

但是,酒量终归是一个模糊概念。在日常生活中,真正掌握"醉而不乱"这个极限点,往往很难办到。古代的饮酒者除礼宴外,大多是悲愁者、狂放者、浪漫者、嗜欲者,饮起酒来,能够以醉不及乱为上者,虽非绝无其人,说来也很难得。晋代的山巨源(涛),饮酒至八斗方醉,帝以八斗饮涛,密益其酒，涛至本量而止。——像山涛这样掌握本量的，实不多见。因此，在日常生活中，醉便渐渐与"不及乱"这个概念脱节，因酒误事的有之，因酒闹事的也有之，甚至因酒败其大事，也不乏见。春秋鄢陵之战时，楚国的子反克制不了酒欲，让谷阳竖以酒代饮端给他喝，终因醉倒，楚子召之而不能见，致楚军败退。所以，一个"醉"字，已经不能道尽全部的饮酒生理。翻开《说文解字》，可以见到一系列的与醉相关而程度有差异的词：

"醉"的同义词是"醺"，"醺"字从"熏"，《毛诗传》说："熏熏，和悦也。""熏"的"和悦"义就是"醺"的义源。宋陶谷《清异录》说：唐穆宗临芳殿赏樱桃，进西凉州葡萄酒，帝曰："饮此顿觉四体融和，真太平君子也。"——"四体融和"，就是对"醺"的"和悦"义的具体形容。

饮酒恰到好处，尽兴而不乱，是谓"酣"。《说文解字》："酣，酒乐也。"段玉裁注引张晏说：

"中酒为酲。"《文选·吴都赋》"酣湑（xǔ）半"刘注："酣，酒洽也。"对"酣"，更明确的解释是《史记·高祖本纪》集解所引的应劭注："不醒不醉曰酣。"——酒带给饮者的朦胧感已经袭来，而意识尚存，思维尚清。陆游《饮石洞酒戏作》所说的"酣酣霞晕力通神"，正谓此境。

酣、醉之后，酒便于人体有害，于心理更为不宜，不成其为享受了：

《说文解字》："酖（dān），乐酒也。"《字林》："嗜酒为酖。"《诗·鹿鸣》毛传说："湛，乐之久也。""湛"即是"酖"的借字。用今天的话说，"酖"就是沉湎于酒。《左传》所说"宴安酖毒，不可怀也"，指所乐非其正而言，可见"酖"非正常之乐，在古代一向是含有贬义的。

"醒（chéng），病酒也"，《庄子·人间世》："嗅之则使人狂醒。"李注："病酒曰醒。"因酒而呈重病态，是过量无疑。

"酗"（酌），是饮酒过量的最激烈表现。《尚书·泰誓中》"淫酗肆虐"，疏："酗是酒怒。"《无逸》传："以酒为凶谓之酗。"以"酗"和"淫""肆虐"并称，它的恶劣程度，可想而知。

从广义说，"醒"与"酗"也都是"醉"，《左传·昭十二年》说："去其醉饱过盈之心。""醒"与"酗"，都是醉之过，达到了"乱"的地步。《北齐书》记载王纮之说：酒有大乐，亦有大苦。梁陈暄《与兄子秀书》说："吾常譬酒之犹水，亦可以济舟，亦可以覆舟。"都道出了饮酒的两面，也道出了醉之不可过的道理。

和与调

中国的烹饪饮食已经驰名全球，很多人只知道中餐味美花样多，却不知道中餐内在的好处。中国菜肴美味可口，丰富多彩，并且对身体有益，各个地区又有不同的菜系。这不是一朝一夕能够做到的，而是经过了数千年的积累。说起中国古代烹饪饮食的特点，可以够得上优秀传统的，有一个字可以总的概括，那就是"和"，为了达到"和"的高境界，需要"调"。

说到饮食烹饪的"和"，从三个最典型的古书记载就可见其一斑：

先看《吕氏春秋·本味篇》记载：商汤即位后，请出了著名的政治家伊尹佐政，给了他非常高的待遇。伊尹在朝堂上发表的第一个政论是从"至味"谈起。"至味"也就是最美的食品。他说有三类可吃的东西，本来都不是美味："水居者腥，肉玃（jué）者臊，草食者膻。"——湖海中的水族鱼虾之类本味腥臭，食肉类禽兽鹰雕之类本味腥臊，草食类牲畜羊鹿之类本味膻臭。尽管它们的本味臭恶，但是作为原料，仍可以做成美食。伊尹说："凡味之本，水最为始。五味三材，九沸九变，火为之纪。时疾时徐，灭腥去臊除膻，必以其胜，无失其理。"——当这些原料进入熟食加工过程时，首先要掌握水的多少，之后全靠火候来协调。加热的速度和程度，什么时候沸腾，沸腾几次，都会影响烹饪的效果，把灭腥、去臊、除膻做得十分到位。他接着说："调和之事，必以甘酸苦辛咸，先后多少，其齐甚微，皆有自起。鼎中之变，精妙微纤。口弗能言，志不能喻。若射御之微，阴阳之化，四时之数。故久而不弊，熟而不烂，甘而不哝（nóng，一作"坏"），酸而不酷，咸而不减，辛而不烈，淡而不薄，肥而不膔（hóu）。"——调和五味，要放入佐料，先放什么，放多放少，都要有数儿。就像射箭、赶车一样，射程远、箭靶小还要射中，用一个细鞭子驾驭一匹马，还要能跑万里路。其中的微妙是没法说清也难以形容的。协调到了这个程度，才能做到口感和味道都恰到好处。

再看《左传·昭公二十年》记载：有一次，齐侯打猎回来，齐国的卿相晏婴迎接他。这时，齐景公的宠臣梁丘据也赶到了。景公问晏子："梁丘据和我可以算作君臣和谐了吧？"晏子回答说："只不过是相同而已，谈不到谐和。"接着，晏子就用烹饪为例子，说明"和"与"同"的区别。他说："和如羹焉，水火、醯醢、盐梅以烹鱼肉，燀（chǎn）之以薪。宰夫和之，齐之以味，济其不及，以泄其过。君子食之，以平其心。"——君臣相和就像烹饪调味一样，水和火相互配合，用各种佐料来烧鱼炖肉，架上柴火，厨师调和五味，不足的加一点，过分的减一点。君子吃了才舒坦。晏子说完这番话，还有几句十分深刻的警语。他引了《诗经·商颂·烈祖》的两句话"亦有和羹，既戒既平"，说："君所谓可，据亦曰可。君所谓否，据亦曰否。若以水济水，谁能食之？若琴瑟之专一，谁能听之？同之不可也如是。"——君臣之间要有不同的意见，相互交流、补充，如果君怎么说，臣完全照办，就像用水来调节水，琴瑟完全同声，还能有味道吗？和伊尹一样，晏子在说烹饪，其实是在说政治。

都知道周代宫廷负责饮食的大厨是"宰夫"，

岂不知管伙食的还有一位更重要的人物是"食医"。《周礼·天官·冢宰》记载："食医掌和王之六食、六饮、六膳、百羞、百酱、八珍之齐。""齐"是剂量的配方，一服中药叫"一剂"，"剂"来源于"齐"。所以，"食医"是古代的营养师，专门负责调配饭菜，为的是实现一个"和"字。"食医"首先要考虑口味与季节的搭配："凡和，春多酸，夏多苦，秋多辛，冬多咸，调以滑甘。"——古代以五行配五方，五方配五味。各种搭配说法也有不同，解释不一，但最权威的说法是《礼记·月令》和《尚书·洪范》的记载，大致的搭配如下：

金——西——秋——辛

木——东——春——酸

水——北——冬——咸

火——南——夏——苦

土——中————甘滑

五味与季节的关系，大约与动植物及果实生

长、成熟的情况有关,也和人体缺乏的营养有关。
五味与地域的关系,和不同地域的地理环境和生
态条件有关。这些都是概数,并不适合每一个人,
但是这些说法含有的理念是很有价值的。首先,
中国古代的"食"和"医"是相通而同理的,养生
和疗病是一件事情的两面。和则养生,不和则疗
病,都是要达到饮食与人体的和谐。其次,口味关
系到人与自然的交融,不是只为了享受。这是天
人合一思想最基本的体现。从这种搭配还可以看
到,五味是互相制约的,达到平衡是为了适口且
和身。《周礼》所谓的"多",意思是根据季候的
特点,对缺乏的一味多加一分。唐代孔颖达解释
作"各尚其时味者","多于余味一分",这一分是
为了补足所缺,使更加和谐,实现一定环境下内在
的平衡,并不是为了寻求刺激而突出一点,不及其
余。还有一点也值得注意,那就是甘滑的作用——
甘是味觉无刺激,滑是口感无滞涩,这就是平衡

适中的最终效果。食医的另一个任务是搭配主食和副食，也就是调和粮食与菜肴："凡会膳食之宜，牛宜稌（按："稌"即稻米），羊宜黍，豕宜稷，犬宜粱，雁宜麦，鱼宜苽（按："苽"即水生的鸡头米）。凡君子之食恒放焉。"（《周礼·天官·冢宰》）这里所说的"会膳"，就是需要放在一餐里同吃。孔颖达解释这段话说："言牛宜稌者，依《本草》《素问》牛味甘平，稻味苦而又温，甘苦相成，故云'牛宜稌'。羊宜黍者，羊味甘热，黍味苦温，亦是甘苦相成，故云'羊宜黍'。豕宜稷者，豭（jiā）猪味酸，牝猪味苦，稷米味甘，亦是甘苦相成，故云'豕宜稷'。犬宜粱者，犬味酸而温，粱米味甘而微寒，亦是气味相成，故云'犬宜粱'。又云雁宜麦者，雁味甘平，大麦味酸而温，小麦味甘微寒，亦是气味相成，故云'雁宜麦'。云鱼宜苽者，鱼味寒，鱼族甚多，寒热酸苦兼有，而云宜苽，或同是水物相宜，故云'鱼宜苽'。"可见动植物的食性与药性完全是一回事。

　　总之，在关于中国古代烹饪的记载中，讲究协调以达到"和"的境界，是一种自古以来的优秀传统。"和"是在多样和差异中经过调节达到适中的平衡，而不是单调的千篇一律。"和"是一种辩证法，是中国古代传统价值观与审美观的根基。政治上提倡"人和"，音乐上讲究"和乐""唱和"，医学上主张"身和""气和"等等，都是在寻求一种适中与平衡。"和"的目的不仅为了可口，同时为了养身。中国饮食中的美味，是味觉感官娱悦与身体健康的统一，绝非脱离理性地单纯追求感官的刺激。但烹饪饮食与药物治疗毕竟有所不同，不论用什么方法达到"和"的境界，都要将食品多方面调和的结果体现在"好吃"两个字上，生成美味。中国烹饪不但有实用的价值，更有审美的价值，这是不容置疑的。

节与精

　　"节食"这个词，古今的概念是不同的。今天一说节食，就会想到减肥，以减少饭量作为减轻体重的一种措施。减少饭量当然会同时减少营养，这对营养过剩或体重超标影响健康的人来说，也许是一种治疗或健身的好办法，但对仅仅为了保持身材的健康人，不免是一种损害。可在中国古代的饮食观念中，饮食要节制是一种常念,是一生都要遵循的健身之道,甚至是一种修养。

古代的节食,指的是把握饮食的量,不使过分。《论语》有"不多食"之说,朱熹的解释是"适可而止,无贪心也"。《吕氏春秋》说:"凡食之道,无饥无饱,是之谓五藏之葆。"《文子》说"适情而已,量腹而食,度形而衣,节乎己而",这才是圣人。《云笈七签》讲"九食法",其中专门谈到"节食",解释说:"节食者,中食也。"这些都是古人所说"节食"的内涵。可见饮食适度是古代各家各派的共识。节食不是减少应有的食量、克扣必要的营养,而是以满足身体需要为前提,克制欲望,适可而止。

为什么要节食?因为饮食不但具有养生的实用价值,还具有满足味觉的鉴赏价值。吃是一种必要的生活,吃也是一种会心的享受。遇见好吃的、爱吃的忍不住多吃,有条件解馋吃喝无度,有人认为这不过是平常的人性。但是纵欲必会伤身，饕餮绝非美德，古人这样说，是有依据的。人在自然界开发食材，能吃又好吃的东西才适合作饮食的原料。可一般人总是先顾好吃，忽略有益；好吃就多吃，忽略有度。所以古人在谈到修身的时候才会谆谆告诫要"节食"。饮食不要过量，是古人从几千年的生活中总结出来的经验，而且是经过中医不断临床试验探索出来的至理。这里不说中医理论，只说修身养性。九流十家不管政治态度如何，哲学思想如何，没有不主张饮食适度的。《墨子》主张节用，首先是节食。《辞过篇》说："其为食也，足以增气、充虚、强体、适腹而已矣。"《慎子》说："饮过度者生水，食过度者生贪。"——吃喝无度不但坏了身，也坏了心。《云笈七签》传道家之言："节食除烦浊。"——心不烦，身不浊。古代的笔记、志怪、小说流传着很多劝人节食的故事：

警戒多食的。西晋张华的《博物志》记载：魏明帝时，京城有个年轻人食量大，一人能吃十人的饭，最后胖得走不动路。他父亲送他到一个县里去，乡民看他的样子，都懂得了饮食要节俭的道理。

劝勉延寿的。宋代陈师道《后山谈丛》记载：一位阁老年过七十还面容细润、头脑清楚，一切如年轻时。有人问他怎样能做到不老？他说：就是每顿少吃三四口饭。

警告偏食的。宋代曾慥（zào）编《类说》，在"记异录"中说了这样一个故事：有个合肥人叫刘最，喜欢吃鸡。每次杀鸡时，一定先把鸡脚割下来放血，说是让血流净可以去腥，然后再下锅。不久，他鬓角上生了一种疮，溃疡处居然生出好些鸡脚，疼痛不已，帽子、头巾都戴不得，过了几年就去世了。民间的有些传说似乎荒诞，但多数是劝善的。

也有一些正经拿礼仪来说事儿的。《国语》记去丧无所不佩。非帷裳必杀之。羔裘玄冠不以吊。吉月必朝服而朝。齐必有明衣布。齐必变食，居必迁坐。食不厌精，脍不厌细。食饐而餲，鱼馁而肉败，不食。色恶，不食。臭恶，不食。失饪，不食。不时，不食。割不正，不食。不得其酱，不食。肉虽多，不使胜食气。唯酒无量，不及乱。沽酒市脯不食。不撤姜食。不多食。祭于公，不宿肉。祭肉不出三日，出三日，不食之矣。食不语，寝不言。虽疏食菜羹瓜祭，必齐如也。

《论语·乡党》，魏何晏集解，元盱郡覆刊廖莹中世綵堂本载：楚国的国卿屈到特别爱吃菱角，病重的时候，嘱咐宗老，死后要用菱角祭奠他。他死后，宗老们真要拿菱角上供，还是他的儿子屈建是明白人，反对说："依礼菱角不属于祭品，爱吃菱角是个人嗜好，不能破坏祭奠的规矩。"贾谊《新书》记载：周文王时太子姬发爱吃鲍鱼，太傅姜尚坚决不许，说："按照礼法，鲍鱼是不能进厨房的，不可以给太子吃。"从这些故事都看出古人在饮食上是主张节食，反对暴食、奢食、偏食的。

古人主张节食，并不是对饮食不重视。《论语·乡党篇》有"食不厌精，脍不厌细"的说法，并详细说明了饮食的禁忌："食饐（yì）而餲（ài），鱼馁（něi）而肉败，不食。色恶，不食。臭恶，不食。失饪，不食。不时，不食。割不正，不食。不得其酱，不食。肉虽多，不使胜食气。唯酒无量，不及乱。沽酒市脯不食。不撤姜食，不多食。"所谓"精"和"细"，就是烹制要精心、食用要讲究。变味儿、变色儿的鱼肉绝不能吃，不正规的地方买来的东西不能吃。更有甚者是"割不正，不食"。在不同的食膳中，要保证所取的兽畜部位符合规定，而且切割的形状、大小、纹路都要合规矩。这本是对祭祀的规定，好像只是出于敬献摆的样子。绝非如此，这其实是为活着的人定的规矩。这不是奢华，也不是摆样子，是把吃饭当成一件要紧的事，从容、认真去做，做得干净，吃得健康。

这里要特别用正规的礼仪来说一说"肉虽多，不使胜食气"和"唯酒无量，不及乱"。以诸侯宴请大夫的"公食礼"为例，初设正馔，有牛、羊、豕、鱼、腊肉、肠肚、肉皮；次设加馔，还有切法、煮法不一样的牛、羊、豕肉和鱼脍……鱼肉的种类不谓不多，但宴席上还是要先食稻粱，二簋；卒食黍稷，六簋。这就是强调用五谷致饱。粮食补气，肉多了伤气。中国餐饮以五谷为主食，对肉总是节制的。节酒也是十分重要的。人的酒量不同，所以宴会上饮酒杯数虽固定，度数却是可以自己用"盉"来调的。以君宴臣的燕礼为例，堂上东边柱子的西侧，摆着两尊方壶；堂下门的西侧，摆着两尊圆壶，都是定量的。饮酒时用音乐助兴，宾主敬酒与回敬也规定了几个回合。因为事先按自己的酒量调了酒，离席的时候保证是清醒的。被宴的臣子回去时要退下几步，下台阶，然后下拜。当奏乐的人为他奏乐送行时，还要把带来的肉脯赐给奏乐的人。这么多的动作，既有道谢、告辞的意思，也以此表示自己饮酒是适量的，这就是"不及乱"。节与礼是不可分割的。古代的宫廷和士大夫靠"礼"来达到"节"的目的，所谓"情有节""节嗜欲"（《吕氏春秋》）都是靠"礼"来制约的。古代的许多关于宴饮和家膳的礼仪，总在体现一个"节"字。这固然是对统治秩序的一种维护，但克制欲望有节有度，却不能不说是一种养生的措施，理性的修养。

　　"节"与"和"有密切的关系:"有节有侈",才能求"和",而"和"又是"节"的限度,一旦达到适度、中和,"节"的目的也就达到了。所以古书常常用"适"与"和"来注释"节"字。

齐与范

　　中华饮食讲究和谐，水火要协调，食材要搭
配，五味要均衡，这些都是需要一定的量化标准
的。但是，烹饪是适应人的需要又靠活生生的人
来操作的，面对的又都是性能不同的有机物，必
然会有很多不可控的因素。同样一个菜肴，不同的
人做就会有不同的味道，甚至同一个人做很多次，
每一次都会出现不同的效果。这就形成了中华烹

饪又一个很有特色的传统，这个传统用两个字来表示，就是"齐"与"范"。

"齐"在古书里有两个常用的意思，一个是"整"，一个是"平"。所谓"整"，是在综合里看到的，按照应有的结构全盘整合，就是齐整。所谓"平"，是在比较里看到的，得到各种成分内在的均衡，就是平齐。从烹制来说，"齐"就是后来的"剂"，也就是配方，相当于今天的药剂；不过，古代的"齐"，包括的内容更多一些，《周礼》"食医掌和王之六食、六饮、六膳、百羞、百酱、八珍之齐"。除了食材及其分量以外，连火候、水分、程序等等，也都在内。甚至肉食的切割，也要讲究部位、形状、纹路、大小。"齐"保证最后的味感达到"和"的程度。从食用来说，各种食物的搭配也是定为规范的。《周礼》在说到饭、羹、酱、饮四样食物的方剂时说："凡食齐视春时，羹齐视夏时，酱齐视秋时，饮齐视冬时。"郑玄注："饭宜温，羹宜热，酱宜凉，饮宜寒。"意思是，这四样食品一年四季都要制作，但其配方以一个更为适宜季节的配方为标准。正如唐代孔颖达所说："食以养人，恐气虚羸，故多其时味，以养气也。"《周礼》的记载不但说明了古人制作各种饮食都是有配方的，配方与季节有关，而且说明了配方与食性的温热也有关系。借助大自然的产物与人体互相调剂，注重饮食与人的体质和四季气候的关系，这是中华饮食很重要的理念。

齐的标准是"和"，不论是水火的把握、食材的择取、味道的调配、制作的程序还是原料的比例，都经过"齐"来保证效果，那么，齐——配方，又是怎样定出来的呢？前面说过，烹饪是一种人文现象，不可能千篇一律，因此，宫廷里有食医掌握，又有礼仪限制，也只得一个大概其；民间则家家有所不同，"齐"的实现要靠"范"。

　　"范"是古代烹食技艺与方法传承的特殊方式。在经过多次实践之后，获得了品味与养生功效俱佳、堪称为"和"的最佳制作方案，古人便把这些成功的经验固定下来，作为范例。这一工作，在宫廷里是由食医来掌管的。在民间，则流传着很多不同的配方，有些在家庭里代代相传，有些被记载在地方志里。这种流传下来供大家仿作的配方，就是"食谱"。中国古代有一部专门收集食物制作方法的书叫做《食经》。这部《食经》在《隋书》《旧唐书》《新唐书》上都有记载，是北魏太武帝的博士祭酒崔浩（字伯渊）所著，一般记载是四卷，也有说是九卷的。根据《魏书·崔浩传》所收崔浩写的《食经叙》所说，这部书是崔浩的母亲卢氏与其他女性长辈将家居用餐、敬奉老人、宴请宾客、祭祀祖先的各种饮食制作方法记录下来传给后代。崔浩被诛杀后，整部书已经佚失，但是在《齐民要术》《农政全书》《北堂书钞》及一些类书里，还有一些条目保存。下面列举《齐民要术》所引，以便了解在《食经》里如何将"齐"体现出来：

《食经》曰："种名果法：三月上旬，斫取好直枝，如大母指，长五尺，内著芋魁中种之。无芋，大芜菁根亦可用。胜种核，核三四年乃如此大耳。可得行种。"

《食经》曰："蜀中藏梅法：取梅极大者，剥皮阴干，勿令得风。经二宿，去盐汁，内蜜中。月许更易蜜，经年如新也。"

《食经》曰："作饼酵法：酸浆一斗，煎取七升；用粳米一升，著浆，迟下火，如作粥。六月时，溲一石面，著二升；冬时，著四升作。"

《食经》曰："作面饭法：用面五升，先干蒸，搅使冷。用水一升。留一升面，减水三合；以七合水，溲四升面，以手擘解。以饭，一升面粉，粉干下。稍切取，大如栗颗。讫，蒸熟，下著筛中，更蒸之。"

《食经》曰："作豉丸炙法：羊肉十斤，猪肉十斤，缕切之。生姜三升，橘皮五叶，藏瓜二升，葱白五升，合捣，令如弹丸。别以五斤羊肉作臛，乃下丸炙煮之，作丸也。"

从举例中可以看出，这里记载的饮食制作方法，也就是方剂，包括植物栽种法、果品保存法、调料提取法、粮食蒸烤法、肉食制作法等等。其中也可以看出原料、数量、季候、切割、程序、放置等等因素的体现。这里主要是介绍崔氏《食经》的情况，其实贾思勰所著、成书于北魏末年、被称作农业百科全书的《齐民要术》记载食品制作的范例，要比他引用的《食经》种类更丰富，内容也更详尽，结合现代的饮食制作来看，十分有趣。对中华烹饪有兴趣的人士，不可不读。

　　说到食谱，就比较普遍了，历代都有收集。宋郑樵《通志》在"艺术类"（指技艺、方术，与现代的"艺术"意义内涵不同）下"医书"之后，收《食经》四卷（见《隋志》）、《古今食谱》三卷。乾隆三十二年钦定的《续通志》也收"食谱"，但在"物类"下分"器用""饮食""植物""动物"，可见到了清代，饮食已经独立，不再和医药放在一起，食与医的关联不那么紧密了。"饮食"类补充收了宋王灼《糖霜谱》、明汪士贤《蔬食谱》、明王磐《野菜谱》。地方志中，也常常可以看到《野菜谱》《素食谱》《杂鱼谱》等手抄的食谱。其实食谱远远不止这些，这里特别介绍元代陶宗仪《说郛》所载韦巨源的《食谱》，韦巨源官至尚书令，家中庖厨规模很大，他的《食谱》十分考究，以下几种菜肴，光看名称就很不凡：

　　　　单笼金乳酥（是饼但用独隔通笼欲气隔）

通花软牛肠（胎用羊膏髓）

光明虾炙（生虾则可用）

生进二十四气馄饨（花形馅料各异，凡二十四种）

生进鸭花汤饼（厨典入内下汤）

……

可以看出，魏晋以前的食谱，记载的大多是一些熟食的必需品，比起经书上的饮食，已经有所创新。唐宋以后，饮食的范围扩大了许多，菜肴的花样大量翻新。直至今天，食材的发掘更为广泛，调味的原料日益增多，烹饪的器皿不断发明，熟食的手段无比丰富，人对饮食的要求越来越高。在中华烹饪的理念里，和与调、节与精、齐与范的精神仍需发扬，但如何与时俱进地适应当代社会的飞跃发展，将是我们必须面对的课题。

后 记

　　这本小书历时一年零九个月方才编定，原因是作者和编者都希望增加书的可读性。为了使这本小书借着谈论古代饮食文化，让读者有一些关于训诂学的初步体验，文中特别注意引用古代典籍的原文。这些原文多少有些难度的，都在行文中做了适当的解释。为了让读者感受到线装书中训诂引文的样式，书中加了一些常见典籍的书影，并标出了所引之处。古代典籍原文中常有一些比较生僻的字，责编李碧玉特意为这些字加注了现代读音。为了保证引文的出处和文字的准确性，这次单独出版，两位博士赵芳媛和尹梦协助我核对了出处和引文。为了使这本小书活泼起来，美术老师佟润欣在繁忙的教学工作之余，用了一个学期的时间，结合文章的内容，专门为全书作了38幅既有解释作用又有鉴赏作用的图画。以上几位朋友的工作，极大地增加了这本小书的可读性。感谢她们为书的普及所做的重要工作。

2021 年 9 月